7,95

W0395287

100 MODÈLES DE LETTRES POUR LA CORRESPONDANCE PRIVÉE

Gérard ROUDAUT

SOMMAIRE

PARTIE II

PARTIE III

INTRODUCTION

Nombreuses sont les occasions de la vie où une lettre s'impose pour informer un correspondant, régler une difficulté, contester une procédure, demander un délai de paiement, déposer une plainte suite à un vol, etc.
A l'heure de la télécopie, du téléphone mobile et de l'internet, la bonne vieille missive garde toute son actualité. Juridiquement, elle reste même le seul moyen de communication reconnu comme preuve devant un tribunal. Alors attention, comme le dit le dicton : « Les paroles s'envolent, les écrits restent ». Raison de plus pour bien réfléchir avant d'écrire...

PARTIE I

CORRESPONDANCE, MODE D'EMPLOI

Un courrier n'est pas la simple mise par écrit de propos que l'on aurait très bien pu énoncer oralement. En effet, toute lettre obéit à un certain nombre de règles de forme et de fond bien particulières.

Quelle en-tête utiliser ? Quelle formule de politesse employer ? Comment disposer le texte sur la page ? Etc. Autant de questions qui viennent s'ajouter à « l'angoisse de la feuille blanche ». Pour vous permettre de vous consacrer au principal, à savoir la rédaction proprement dite de votre missive, nous vous proposons dans un premier temps de répondre à toutes ces interrogations. Afin de vous aider sur le fond, nous abordons ensuite les problèmes d'argumentation : comment construire ses arguments, les pièges à éviter...

1. Présentation : quelques règles de base à respecter

Bien que le style simple et clair soit à privilégier, on n'écrit pas tout à fait de la même manière que l'on parle, cela va sans dire. Qu'elle soit adressée à titre personnel ou dans le cadre d'une démarche administrative, la lettre obéit à un certain nombre de règles. Ne pas les respecter équivaut parfois aux « gros mots » de la langue parlée et, tout au moins, peut entraîner des incompréhensions. Voici ce qu'il convient de faire et ce qu'il faut, au contraire, éviter à tout prix.

Une lettre peut-elle encore être manuscrite ?

S'agissant de lettres rédigées par des particuliers, la réponse est bien sûr : oui. Dans certains cas, il est même obligatoire d'user de sa « plus belle plume » : lettres de candidature (pour permettre une éventuelle analyse graphologique de votre écriture), mais aussi les lettres destinées aux amis où l'emploi de l'ordinateur pourra être considéré comme moins intime.

Pour tous vos autres courriers, et surtout si vous pensez avoir une écriture difficilement lisible, préférez les lettres rédigées à l'aide d'un traitement de texte qui offriront un meilleur confort de lecture à vos destinataires. Autre avantage : la plupart des programmes informatiques offrent aujourd'hui une possibilité de correction orthographique automatique qui peut s'avérer bien utile, tant il est vrai que les « fôtes » ne sont pas de mise, surtout dans les courriers officiels !

Comment doit-on présenter une lettre ?

La première des choses est de choisir un papier de préférence blanc, sans ligne et de format standard (21cm x 29,7cm, autrement dénommé A4). Les couleurs et les formats non classiques sont en effet à proscrire : ils pourraient donner une idée de dilettantisme et de manque de sérieux à telle ou telle de vos démarches.

Nom et adresse

Si la lettre est rédigée dans un cadre officiel (hors les courriers destinés aux amis), son destinateur (c'est-à-dire vous) inscrit son nom, prénom, adresse et numéro de téléphone en haut et à gauche de la feuille, à environ 2,5 cm des bords du haut et de la gauche de la feuille.

Votre référence

Le cas échéant, sous votre adresse et avec un décalage d'une ligne, vous indiquez la référence de votre dossier (numéro de compte en banque ou de Sécurité sociale, numéro d'inscription...). Autant que vous le sachiez, il arrive fréquemment que les organismes sociaux ou les services fiscaux se contentent de vous renvoyer votre missive si le précieux « sésame » n'est pas indiqué.
Vous pourrez également indiquer l'objet de votre courrier pour faciliter son acheminement interne dans les services de votre correspondant. Soyez bref et précis. N'écrivez pas « Accident de voiture survenu à Paillot-les-Embruns, le samedi 23 février 1999, entre 20 et 21 heures, alors que l'éclairage public n'était pas encore déclenché... » mais plutôt « Sinistre automobile ».

Nom et adresse de votre correspondant

Viennent ensuite les nom et adresse de votre correspondant. Si vous écrivez nommément à une personne qui travaille dans une organisation, la règle veut que vous rédigiez d'abord le nom de l'organisation (entreprise ou administration), puis le nom de la personne précédé de la mention « A l'attention de M. ... », et enfin l'adresse postale.

Nature, lieu et date de l'envoi

Si votre lettre est envoyée en recommandé, précisez-le sur la ligne qui suit en mentionnant, le cas échéant, le fait que vous avez demandé un accusé de réception.
Indiquez, toujours sur la droite de votre page, le lieu et la date de votre envoi.

L'accroche

Si vous connaissez le nom de votre correspondant ou si sa fonction vous permet d'en déterminer le sexe, vous indiquerez « Monsieur » ou « Madame », éventuellement suivi de son titre : Directeur, Inspecteur, Trésorier... Mais, lorsqu'il s'agit d'un courrier administratif ou commercial, il est rare que l'on sache qui va le lire. Dans ce cas, vous pouvez utiliser la formule « Messieurs », ou encore celle de plus en plus utilisée ces dernières années : « Madame, Monsieur ». Attention, quelle que soit la formule utilisée, c'est elle que l'on devra retrouver dans la formule de politesse au bas de la lettre.

La formule de politesse

Même si vous menacez votre interlocuteur des pires poursuites judiciaires, vous devez terminer par une formule de politesse ! On peut gloser à l'infini sur ces petites formules qui sont innombrables. Sachant qu'elles ne sont que très rarement lues, vous pouvez vous contenter de ne mémoriser que deux ou trois formules en tâchant toutefois ne pas trop vous « mélanger les pinceaux ». Evitez bien sûr d'adresser « vos sentiments les meilleurs » à un employeur qui vient de vous licencier sans préavis : cela pourrait peut-être l'encourager à persévérer en vous demandant de lui payer des dommages et intérêts pour le temps que vous lui avez fait perdre.
Voici néanmoins quelques fautes à éviter : « expression » marque la déférence tandis que « assurance » ne s'emploie pas d'inférieur à supérieur. De même, « sentiment » ne doit théoriquement pas être utilisé dans une lettre adressée à

une femme (n'y aurait-il pas quelques exceptions à prévoir ?).
Enfin ne dites pas « croire en » (qui est d'ordre religieux et mystique !), mais plutôt « croire à ».

Présentation type d'une lettre réalisée avec un traitement de texte

Prénom, nom
N°, rue
Code postal, ville
Téléphone

Objet de la lettre

Coordonnées du destinataire
Mentions particulières

Lieu et date

Corps de la lettre : il occupe au moins les deux tiers de la page.
Si vous êtes amené à écrire plusieurs pages :

- n'écrivez jamais au verso ;
- n'oubliez pas de numéroter chaque feuillet de la manière suivante : 1/3, 2/3 et enfin 3/3. Cela permet à votre correspondant de vérifier qu'il a bien reçu toutes les pages.

Signature

A noter : prévoir une marge d'environ 2,5 cm à gauche.

L'envoi en recommandé est-il indispensable ?

Le fait d'envoyer une lettre recommandée s'avère indispensable dès qu'il s'agit de faire courir un délai : préavis, annulation, résiliation, contestation... Dans un certain nombre de cas, c'est d'ailleurs la loi qui stipule que la demande ou la signification soit faite par lettre recommandée avec avis de réception. De manière générale, on pourrait dire que dès qu'il y a litige possible, il convient d'envoyer les courriers qui y sont liés en recommandé. Cela vous permettra, le cas échéant, d'apporter la preuve que vous avez réagi dès la survenance du conflit et que vous ne pouvez être accusé d'immobilisme, de connivence ou encore d'acceptation tacite. Par ailleurs, il faut savoir que votre lettre sera considérée comme reçue dès sa première présentation à son destinataire même si ce dernier refuse d'aller la retirer à la poste en cas de non remise. De même, afin d'éviter l'éventuelle mauvaise foi d'un contradicteur qui pourrait prétendre que l'enveloppe envoyée par recommandé était vide, il vous est possible d'écrire sur une feuille que vous pliez, collez et faites timbrer sans enveloppe. On trouve d'ailleurs, des « plis recommandés » dans certaines papeteries.

Il existe néanmoins des cas où l'envoi d'une lettre en recommandé peut s'avérer désastreux : carte de vœux, lettre de candidature à un emploi, lettre d'excuse pour un rendez-vous manqué...

Peut-on y joindre des documents ?

Cela peut être utile dans certains cas, notamment pour appuyer une argumentation. Cet envoi doit néanmoins être manié avec prudence. En tout premier lieu, n'oubliez jamais d'indiquer le nombre de pièces jointes sur la lettre principale. Cela permettra à votre interlocuteur de les rechercher si elles ont été égarées au moment de l'ouverture du courrier. Plus important encore : n'envoyez jamais d'originaux au risque de perdre ce qui constitue peut-être vos meilleures « cartouches » dans un éventuel litige.

Peut-on envoyer sa lettre par fax ?

Le fax, que l'on appelle aussi télécopie, n'est pas admis en droit français comme moyen de preuve. Par ailleurs, s'il offre l'énorme avantage d'être rapide et de permettre dans certaines situations de régler immédiatement un problème, le fax peut aussi s'avérer nuisible dans d'autres cas. Ainsi, son accès étant le plus souvent libre dans les entreprises, il ne garantit pas totalement la confidentialité nécessaire à certains échanges d'informations (dans le domaine de la santé par exemple). De même, le fax entraîne des risques importants de perte ou de destruction par des tiers plus ou moins bien intentionnés ou, plus simplement, consciencieux. Enfin, votre correspondant pourra toujours prétendre n'avoir rien reçu. En conclusion, le fax est un bon moyen à utiliser tant que la situation n'est trop proche du conflit.

Et le téléphone ?

Le téléphone est bien évidemment un mode de communication à la fois plus rapide et plus convivial (quoique...) que le courrier. Néanmoins, s'il permet souvent de désamorcer un problème, il n'a pas la valeur de preuve qu'une lettre peut avoir.

Prenons un exemple. Vous perdez votre travail et, comme vous le permet votre contrat de prêt, vous demandez la suspension temporaire de vos échéances mensuelles pour tel ou tel crédit à la consommation. Vous le faites par téléphone, parlez à une charmante dame qui vous confirme que cela est prévu et donc possible. A-t-elle oublié de vous demander l'envoi d'une confirmation écrite ou avez-vous tout simplement oublié cette recommandation ? Toujours est-il que trois mois plus tard vous recevez une lettre de mise en demeure de paiement pour les trois mois écoulés. Le problème c'est qu'étant resté silencieux, vous n'êtes plus tout à fait dans la même situation car entre-temps vous êtes devenu, dans les fichiers de l'organisme de crédit, un mauvais payeur. Dans ce cas, la situation est sans doute récupérable, mais vous avez frôlé les ennuis...

Par conséquent, il faut toujours avoir le réflexe de la confirmation écrite. Sans refaire le monde à la manière de Kafka, dites-vous bien que face à certaines administrations (publiques ou privées), nous sommes de bien petites choses ! Si nous sommes capables de certains oublis, les administrations, elles, sont parfois capables de bien des acharnements et pas toujours pour des raisons qui nous paraissent, *a priori*, en valoir la peine.

Faut-il conserver des doubles de ses envois ?

Poser la question c'est y répondre : oui et trois fois oui. En cas de litige vous serez certainement content de retrouver la trace de tous vos envois. Sachez enfin que dans certaines situations, les tribunaux considèrent qu'une lettre recommandée envoyée sans avis de réception n'a aucune valeur. N'oubliez donc pas d'agrafer systématiquement les accusés de réception signés par vos correspondants aux doubles des lettres envoyées.

Le point sur... les accroches

La façon dont vous saluez votre correspondant, en en-tête de lettre, obéit à des règles précises. En voici quelques exemples :

Notaire, huissier ou avocat	Maître ou Monsieur ou Madame
Médecin	Docteur ou Monsieur ou Madame
Curé	Monsieur le Curé ou Mon père
Pasteur	Monsieur ou Madame le Pasteur
Rabbin	Monsieur le Rabbin
Colonel, commandant...	Mon Colonel, Mon Commandant
Maire, ministre, sénateur...	Monsieur ou Madame le Maire, le Ministre, le Sénateur

2. Savoir argumenter

Nombreux sont les courriers qui font appel à l'argumentation pour une part plus ou moins importante. La lettre est en effet souvent une occasion de formuler une requête, une décision ou une réclamation : il s'agit alors de justifier sa démarche en argumentant sur le bien fondé de ses propos. La lettre de candidature est l'exemple type : il s'agit en effet de démontrer que l'on est le bon candidat et de convaincre le recruteur à poursuivre les contacts, notamment en nous convoquant à un entretien.

Il peut également arriver qu'une lettre, par sa structure même, fasse intervenir l'argumentation, un peu comme s'il s'agissait d'un véritable rapport destiné à aider à la prise de décision. Il est alors important de concevoir son écrit selon le schéma suivant :

1. présentation des faits ;
2. diagnostic (mise en évidence des problèmes) ;
3. exposé des solutions possibles compte tenu des contraintes, des avantages et inconvénients de chacune d'elles... ;
4. mise en avant de la solution retenue et pourquoi ;
5. modalités de mise en application.

Même dans les situations de litige, l'argumentation s'avère parfois utile pour débloquer une situation. Spécialistes de la résolution des conflits, avant même d'être ceux de la défense selon le principe de « prévenir plutôt que subir », les avocats ne sont-ils pas les rois de l'argumentation ? De même d'ailleurs que les vendeurs, les hommes politiques ou encore les psychologues... Il est important de noter que la relation d'autorité, que ce soit dans le monde professionnel ou dans le domaine des relations entre l'administration et le public, a tendance à évoluer vers un rapport de type client-fournisseur.

Les deux axes de l'argumentation

Argumenter consiste à prouver et à justifier ce que l'on affirme, plutôt qu'à affirmer des idées ou des opinions tranchées. Pourtant, argumenter ce n'est pas « démontrer », du moins au sens de la démonstration scientifique qui requiert une preuve absolue. L'argumentation, elle, relève davantage du « vraisemblable » que du purement « vrai ». En effet, une argumentation présente souvent une marge d'incertitude et de subjectivité. C'est pourquoi le fait d'argumenter constitue à la fois le fruit d'un raisonnement et d'une relation avec une ou plusieurs autres personnes, dans le cadre d'une tentative de persuasion.
Cette définition, en apparence quelque peu intellectuelle et théorique, est importante car elle situe bien les enjeux de toute négociation. L'essentiel d'une négociation ne se joue pas seulement au niveau du discours et des arguments mais aussi en fonction de la gestion d'un contexte. Il ne s'agit pas uniquement de rechercher l'adhésion de l'autre sur des positions communes, mais également de prendre en compte ses raisons et ses intérêts. L'essentiel d'une négociation est déterminé par les motivations et les enjeux des différents partenaires (leurs objectifs, leurs attentes, ce qu'ils souhaitent gagner, ce qu'ils craignent de perdre par le biais de la négociation...), et non pas seulement par l'aspect superficiel des positions exprimées. Une telle démarche suppose une bonne compréhension des intérêts de la partie adverse, même à partir d'indices qui peuvent apparaître anodins.

Dans ce sens, il serait illusoire de croire que de simples mots peuvent déterminer l'issue d'une négociation. L'essentiel ne se joue pas au niveau des discours et des arguments mais de la gestion de la situation : dosage coopération/conflit, gestion des contraintes et des possibilités d'action des uns et des autres... C'est pourquoi l'argumentation doit s'accompagner, chaque fois que possible et nécessaire, d'une stratégie de négociation.

Pour vous bâtir des argumentations susceptibles de vous permettre d'atteindre vos objectifs, voici quelques conseils à appliquer :

- ne développez jamais d'argument *ad hominem*, c'est-à-dire qui exprime un jugement sur un individu ;
- évitez d'entrer dans le cycle reproches-justifications qui débouche immanquablement sur la dispute ;
- développez des propos précis, concrets, fondés sur des faits et des chiffres ;
- privilégiez l'argumentation-délibération qui prépare l'avenir par rapport à l'argumentation-justification tournée vers le passé.

Les pièges à éviter

Lorsque vous mettez en œuvre une argumentation, vous devez exercer votre esprit critique sur la qualité de la stratégie argumentaire que vous développez et éliminer les erreurs qui risquent de nuire à votre projet. Afin de vous aider à porter un jugement judicieux sur votre travail d'argumentation, voici quelques-uns des pièges les plus fréquemment pratiqués et dans lesquels vous risquez de tomber. Vous pourrez ainsi éviter plus facilement les « stratégies perdantes ».

Les argumentations toutes faites

Certains vendeurs en sont restés aux argumentaires « préfabriqués » qu'ils réutilisent à souhait, quels que soient les clients auxquels ils ont affaire. Ce type de démarche part de l'idée fausse qu'un argument possède une valeur en soi, indépendamment de la personne à laquelle il est adressé. Or, comme nous l'avons vu, face à des individus ou des organisations qui ont des attentes et des besoins différents, il est important de développer des propos adaptés à leurs caractéristiques.

La « langue de bois »

Cette expression désigne « *une façon rigide de s'exprimer qui use de stéréotypes et de formules figées et reflète une exposition dogmatique* ». Stigmatisé dans le monde politique, ce mode d'expression se retrouve dans tous les secteurs de la société. Outre le fait qu'il vous fasse courir le risque d'être incompris, ce type de comportement donnera de vous l'image d'un personne peu crédible et ne souhaitant pas vraiment engager le dialogue.

L'argumentation déplacée

Vous pouvez être tenté de développer des arguments qui vous semblent personnellement convaincants, mais n'auront aucun effet sur vos correspondants. Citons un exemple : plaider une augmentation de salaire auprès d'un employeur suite à l'arrivée de jumeaux au sein de votre domicile... Une bonne analyse de vos interlocuteurs, de leurs besoins, de leurs attentes et du contexte de l'échange que vous avez avec eux vous aidera à ne pas manquer votre cible par un argument inutile voire malheureux.

L'argumentation surabondante

Il se peut que vous ayez en réserve de très nombreux arguments. Mais, s'ils sont trop nombreux, ils risquent de s'annuler les uns les autres. En effet, un argument noyé dans la masse aura tendance à perdre tous ses effets, tandis que les trop nombreux arguments secondaires ne seront pas mémorisés. Bref, accumuler les arguments, aussi pertinents soient ils, c'est prendre le risque de démobiliser vos correspondants qui n'auront peut-être pas envie de faire l'effort d'attention que vous leur imposez et garderont le souvenir d'un courrier interminable plus que d'une suite d'arguments convaincants. C'est pourquoi il vous faut procéder à une sélection préalable de vos différents arguments, en ne conservant que ceux que vous jugerez les plus efficaces par rapport à la cause que vous souhaitez défendre.

L'argumentation non-crédible

Ne donnez jamais dans le mensonge, dans les propositions irréalistes ou impossibles à tenir, dans les accusations de mauvaise foi, dans les affirmations non justifiées ou dans les références approximatives. En un mot, n'affirmez rien que vous ne puissiez justifier ou démontrer : si vous n'êtes pas crédible, vous n'attirerez pas l'adhésion de ceux que vous cherchez à convaincre.

PARTIE II

100 MODÈLES DE LETTRES

1. Le monde du travail

Employés, cadres ou techniciens, les salariés sont amenés, tout au long de leur vie professionnelle, à écrire plusieurs dizaines de lettres. Certaines d'entre elles ont une importance énorme et l'on s'en souvient parfois plusieurs années après : lettre de candidature ayant aboutit au premier emploi, lettre de démission...

Candidature spontanée à un poste

Il s'agit d'une lettre qui accompagne le curriculum vitæ. Elle a deux buts principaux : permettre éventuellement au recruteur de faire effectuer une analyse graphologique de votre écriture (c'est pourquoi cette lettre sera toujours manuscrite) et donner envie à ce même recruteur de vous convoquer à un entretien. Envoyée de manière spontanée, elle doit donner l'impression à votre interlocuteur de ne pas avoir été envoyée par hasard !
Si vous n'avez pas le nom de la personne, commencez votre lettre par « Messieurs ».

Exemple 1

Prénom, nom
N°, rue
Code postal, ville
Téléphone

Ville, le ....

Messieurs,

Assistante de direction depuis quinze ans, j'ai travaillé dans le secteur de la communication, de la banque et des assurances.

Possédant une bonne habitude des contacts, ainsi qu'une grande rigueur, je souhaiterais vivement mettre mes compétences au service de votre société, réputée pour son sérieux et son dynamisme.

Vous trouverez ci-joint mon curriculum vitæ. Je reste à votre disposition pour vous fournir de plus amples renseignements, et pour vous rencontrer si vous le désirez.

Vous remerciant de l'attention que vous voudrez bien accorder à ma candidature,

je vous prie d'agréer, Messieurs, l'expression de mes sentiments distingués.

Signature

Exemple 2

Vous adressez votre lettre à la personne citée dans l'article de presse que vous avez lu.

Prénom, nom
N°, rue
Code postal, ville
Téléphone

Ville, le ....

Monsieur,

L'annonce par la presse de la création d'un département Information et technologies au sein de votre société a retenu toute mon attention et m'incite à vous présenter ma candidature.

Doté d'une formation à la fois informatique et littéraire, et parfaitement bilingue, je suis depuis cinq ans responsable de projet multimédia au sein du groupe Publicor, maison d'édition anglo-saxone de renommée mondiale.

J'ai toujours été très intéressé par les nouvelles technologies, c'est pourquoi je serais très motivé pour rejoindre votre équipe et vous aider à développer de nouvelles formes de communication.

C'est dans cet esprit que je souhaiterais vous rencontrer et, dans cette attente,

je vous prie d'agréer, Monsieur, l'expression de mes sentiments distingués.

Signature

Réponse à une petite annonce

Exemple 1

Prénom, nom
N°, rue
Code postal, ville
Téléphone

Ville, le ....

Messieurs,

Vous trouverez ci-joint mon curriculum vitæ en réponse à votre annonce du 7 mai parue dans France Soir. Très intéressé par votre offre, je pense être le candidat idéal pour le poste de webmaster que vous proposez.

Voici quelques éléments de mes qualifications qui devraient vous convaincre :
- diplôme en sciences de l'informatique obtenu à Paris (Université de Paris-Jussieu) ;
- cinq ans d'expérience chez Dubois au département de l'organisation du système informatique ;
- depuis quatre ans je me suis spécialisé dans le groupware en devenant administrateur Lotus Notes au sein d'une grande compagnie d'assurances, où la priorité est faite à la circulation et au partage de l'information.

Je souhaite aujourd'hui donner un nouvel élan à ma carrière, en intégrant une entreprise telle que la vôtre, de taille européenne, et dotée de projets ambitieux.

Si ma candidature vous a convaincu, n'hésitez pas à me contacter afin que nous prenions date pour un entretien.

Dans l'attente, je vous prie d'agréer, Messieurs, l'expression de mes salutations distinguées.

Signature

Exemple 2

Prénom, nom
N°, rue
Code postal, ville
Téléphone

Ville, le ....

Messieurs,

Vivement intéressé par votre annonce parue dans Liaisons Sociales du 22 juin, je vous adresse mon dossier de candidature pour le poste de juriste en droit des affaires.

Comme vous pouvez le constater dans mon CV ci-joint, je suis diplômé de l'Université Paris I, et suis sorti premier de ma promotion. Conformément à vos exigences, je peux me prévaloir d'une expérience de dix ans dans le domaine juridique.

Je suis d'autre part animé par le désir d'intégrer un grand groupe bancaire, qui puisse me permettre d'exprimer mes compétences.

Je serais ainsi honoré de pouvoir vous rencontrer, et vous remercie par avance de l'attention que vous pourrez bien accorder à ma candidature.

Je vous prie d'agréer, Monsieur, l'expression de mes salutations distinguées.

Signature

Demande de stage

Exemple 1

Prénom, nom
N°, rue
Code postal, ville
Téléphone

Ville, le ....

Messieurs,

Titulaire d'un DEA en finances, j'aimerais vivement effectuer un stage dans votre service fusions et acquisitions.

Je connais en effet la qualité de vos prestations en ce domaine, et serais très motivée pour apporter mon expérience et mes compétences à votre équipe.

Ce stage entre dans le cadre d'un contrat de qualification de 12 mois en alternance et devrait commencer autour du 5 octobre.

Vous trouverez ci-joint mon curriculum vitæ. Je reste à votre disposition pour vous rencontrer et vous fournir tous renseignements complémentaires.

En vous remerciant à l'avance de bien vouloir examiner ma demande, je vous prie d'agréer, Messieurs, l'expression de mes salutations distinguées.

Signature

Exemple 2

Prénom, nom
N°, rue
Code postal, ville
Téléphone

Ville, le ....

Monsieur,

C'est sur les conseils de M. X que je m'adresse à vous. J'ai été vivement intéressé par le travail effectué pendant trois mois au sein de votre société.

Je souhaiterais à présent suivre un stage plus long et plus concret dans votre département des ressources humaines : tableaux de bord, assistanat d'entretiens, gestion du budget formation professionnelle...

Je possède une licence en psychologie appliquée suivie à Paris-Dauphine et termine un DEA gestion des entreprises. Mon emploi du temps me permet d'effectuer un stage longue durée qui ferait l'objet d'une convention entre votre entreprise et l'université.

Je me tiens à votre disposition pour un entretien éventuel.

Dans cette attente, je vous prie d'agréer, Monsieur, l'expression de mes salutations distinguées.

Signature

Lettre de recommandation

Il s'agit d'un exercice délicat où il faut mettre en valeur à la fois la personne recommandée et la personne à laquelle on s'adresse. Si vous faites la démarche pour vous-même, en indiquant le nom d'une personne qui vous l'a conseillé, écrivez sans ostentation, en soulignant ce que vous pouvez apporter à la personne destinataire.

Prénom, nom
N°, rue
Code postal, ville
Téléphone

Ville, le ....

Chère Madame,

Elisabeth Kerinov, qui vous a contactée de ma part, m'a demandé d'appuyer sa démarche auprès de vous, ce que je fais bien volontiers.

Madame Kerinov, qui exerçait chez nous les fonctions de secrétaire de rédaction au sein de notre rédaction, fait partie du personnel dont nous avons dû nous séparer pour des raisons essentiellement économiques. C'est une jeune femme de qualité, dont les compétences professionnelles ne sont plus à prouver. Elle possède un grand sens de l'organisation, de la méthode, de la communication et de la gentillesse.

Sachant que vous êtes toujours à la recherche d'un poste identique pour votre rédaction, j'ai tout de suite pensé à vous l'adresser.

En vous remerciant à l'avance de ce que vous pourrez faire pour elle, je vous prie d'accepter, chère Madame, l'expression de ma respectueuse sympathie.

Signature

Lettre de démission

La lettre de démission a pour objectif de signifier le point de départ du préavis. Attention, elle n'est pas une lettre destinée à régler des comptes. Quelles que soient vos éventuelles rancœurs, évitez de les étaler dans cette missive : cela pourrait éventuellement se retourner contre vous.

Exemple 1

Prénom, nom
N°, rue
Code postal, ville
Téléphone

Ville, le ....

Monsieur le Directeur,

Employée dans votre société depuis le 21 octobre 1987, je vous présente ma démission du poste de documentaliste du service juridique.

Mon préavis étant de trois mois, je vous informe que je quitterai donc l'entreprise le .... prochain.

D'ici là, je m'absenterai, si nécessaire, chaque jour pendant 2 heures, comme le prévoit la convention collective, afin de rechercher un nouvel emploi.

Veuillez agréer, Monsieur le Directeur, l'assurance de ma considération distinguée.

Signature

Exemple 2

Etrangement, si la loi prévoit la possibilité de raccourcir la durée du préavis que l'on doit au propriétaire de son appartement, elle ne prévoit rien en ce qui concerne le délai de préavis à donner à un employeur en cas de démission. C'est donc par la négociation que vous devrez tenter d'obtenir une dérogation.

> Prénom, nom
> N°, rue
> Code postal, ville
> Téléphone
>
> Ville, le ....
>
> Monsieur le Directeur,
>
> Employée dans votre société depuis le 21 octobre 1987, je vous présente ma démission du poste de secrétaire à la direction de la communication.
>
> La durée de mon préavis est théoriquement de trois mois, mais je souhaiterais vivement que vous me dispensiez d'effectuer ce préavis. En effet, on me propose à Lyon, ville où a été muté mon mari, un poste à pourvoir immédiatement.
>
> Vous remerciant de votre compréhension, je vous prie d'agréer, Monsieur le Directeur, l'assurance de ma considération distinguée.
>
> Signature

Contestation d'une sanction

L'employeur dispose d'un certain nombre de moyens pour stigmatiser la faute d'un salarié, avant d'en arriver au licenciement. Ces différents moyens constituent néanmoins souvent une manière de préparer le « grand départ ». En effet, en cas de litige, les tribunaux exigeront des preuves sur l'existence de fautes invoquées par l'employeur à l'encontre de son salarié. Plus le « dossier » sera étoffé et plus grandes seront les chances, pour l'employeur, de se voir confirmé dans son bon droit. C'est pourquoi il est important de répondre à chacune des lettres de l'employeur.

Prénom, nom
N°, rue
Code postal, ville
Téléphone

Ville, le ....

Monsieur,

Je vous demande de bien vouloir annuler l'avertissement que vous m'avez infligé le 2 février dernier.

Comme je l'ai déjà expliqué à M. Germain, directeur commercial, le ...., je n'ai en effet pas commis les fautes qui me sont reprochées.

(Exposer les faits et raisons)

Des témoins sont prêts à attester de la véracité des faits que je vous ai exposés ici.

En espérant que vous voudrez bien réexaminer la situation et revoir votre décision, veuillez agréer, Monsieur, mes respectueuses salutations.

Signature

Demande d'intervention de l'Inspection du travail

Indiquez les noms et prénoms de tous les salariés signataires et l'adresse de l'entreprise. Ou n'indiquez les nom, prénom et adresse personnelle que de l'un des salariés, chez qui les autres se domicilient. N'oubliez pas de faire signer la lettre à tous.

Monsieur l'Inspecteur du travail
Ville (ou quartier ...)
N°, rue
Code postal, ville
Téléphone

Ville, le ....

Monsieur l'Inspecteur

Notre employeur Monsieur X, gérant de la Société Z, située à ...., refuse obstinément de nous verser notre salaire du mois de ...., bien que plus d'une semaine se soit écoulée depuis la date d'exigibilité de ce salaire.

Avant d'entreprendre une procédure en référé auprès du conseil de prud'hommes, nous souhaiterions que vous puissiez intervenir auprès de M. X afin de débloquer la situation.

Avec nos remerciements,

nous vous prions de croire, Monsieur l'Inspecteur, en l'assurance de notre considération.

Signature

Demande de mi-temps ou de congé parental

Exemple 1

Prénom, nom
N°, rue
Code postal, ville
Téléphone

Ville, le ....

Monsieur,

Actuellement en congé de maternité, je souhaite bénéficier dès la fin de celui-ci, soit le 1er décembre prochain, d'un aménagement de mes horaires, tel que le prévoit la loi.

Je désirerais travailler à mi-temps pendant un an, de préférence le matin.

J'espère que vous n'y verrez pas d'inconvénient, mais je reste à votre disposition pour en parler avec vous.

Je vous prie d'agréer, Monsieur le Directeur, l'expression de mes salutations distinguées.

Signature

Exemple 2

Monsieur,

J'ai l'honneur de solliciter un congé parental tel que le prévoit la loi, pour m'occuper personnellement de ma fille adoptée le 1er février dernier.

Etant salariée de votre entreprise depuis moins d'un an, je vous demande donc de bien vouloir résilier mon contrat de travail dès la fin de mon congé d'adoption, soit à partir du 1er mars, sans que j'aie à respecter le délai de préavis.

Je joins à cette lettre l'attestation de placement de l'enfant dans notre foyer.

Veuillez agréer, Monsieur, l'expression de mes salutations distinguées.

Demande de congé formation

Il s'agit d'un congé qui est de droit. Tous les salariés, quelle que soit la taille de l'entreprise, ayant au moins deux ans d'ancienneté dans la branche professionnelle, consécutifs ou non, dont douze mois dans l'entreprise où ils se trouvent au moment de leur demande, ne peuvent se le faire refuser. L'employeur peut tout au plus demander un report, pour raisons de service, qui ne peut excéder neuf mois.
Attention toutefois : pour être valable, votre demande doit être formulée au moins quatre mois avant le début de la formation, si celle-ci dure six mois et plus, deux mois si sa durée est inférieure à six mois. L'employeur, lui, dispose de trente jours pour vous répondre.

Prénom, nom
N°, rue
Code postal, ville
Téléphone

Ville, le ....

Monsieur,

Je suis très intéressée par le monde de l'information, et souhaiterais vivement suivre la formation intitulée « Nouvelles technologies de l'information » à l'INTT.

Cette formation « boostera » mes compétences actuelles, et sera bien sûr profitable à l'entreprise.

Je vous serais donc reconnaissante de bien vouloir m'accorder un congé individuel de formation, ainsi que le prévoit la loi.

Les cours débuteront le 1er octobre et se termineront le 30 juin. Ils ont lieu de 9 h 30 à 18 h.

J'espère une réponse positive de votre part, et

vous prie d'agréer, Monsieur, l'expression de mes sentiments distingués.

Signature

Demande de congé sabbatique

Si vous avez au moins 36 mois d'ancienneté dans l'entreprise et que vous n'avez bénéficié, au cours des six dernières années, ni d'un congé formation de plus de six mois, ni d'un congé pour création d'entreprise (voir plus loin), ni, bien sûr, d'un autre congé sabbatique, vous pouvez demander de bénéficier d'un congé non-rémunéré d'une durée de six à onze mois. Seule difficulté : convaincre votre employeur...

Sachez que vous pouvez demander un « congé pour solidarité internationale » si vous souhaitez partir avec une association agréée par le gouvernement français ou reconnue internationalement. Avantage : une ancienneté de douze mois seulement dans l'entreprise est suffisante. Inconvénient : ce congé n'est pas plus facile à obtenir que le congé sabbatique proprement dit...

Prénom, nom
N°, rue
Code postal, ville
Téléphone

Ville, le ....

Monsieur,

Souhaitant suivre comme bénévole une organisation humanitaire, je vous demande de bien vouloir m'accorder un congé sabbatique d'un an, du 1er janvier au 31 décembre 2005.

Je reste à votre disposition pour envisager avec vous une autre période pour ce congé si vous le jugiez préférable pour l'entreprise.

Dans l'attente de votre réponse, je vous prie d'agréer, Monsieur, l'expression de mes salutations distinguées.

Signature

Demande de congé pour création d'entreprise

Applicable aux salariés ayant au moins 36 mois d'ancienneté, consécutifs ou non, ce congé, d'une durée de un ou deux ans, permet de simplement suspendre son contrat de travail pour, éventuellement, retrouver son emploi après avoir mené l'expérience.

Prénom, nom
N°, rue
Code postal, ville
Téléphone

Ville, le ....

Monsieur,

J'ai l'honneur de solliciter un congé légal d'un an pour la création d'entreprise, et ce à compter du 1er juin prochain.

J'ai en effet l'intention de reprendre une société de location-vente de bateaux de plaisance à Saint-Raphaël.

Je reste à votre disposition pour vous fournir des informations complémentaires ou envisager un report de date si vous le jugiez préférable pour l'entreprise.

Dans l'attente de votre réponse, je vous prie d'agréer, Monsieur, l'expression de mes sentiments les meilleurs.

Signature

Demande de reprise de travail

Après un congé ayant suspendu le contrat de travail.

Prénom, nom
N°, rue
Code postal, ville
Téléphone

Ville, le ....

Monsieur,

Le congé (parental d'éducation ou sabbatique ou...) dont je bénéficie depuis le ...., prend fin dans deux mois, soit le ....

Je souhaite donc réintégrer mon poste de responsable administratif à compter de cette date.

Restant à votre disposition pour un éventuel entretien,

je vous prie de croire, Monsieur, à l'expression de mes sentiments respectueux.

Signature

Demande de rupture de contrat de travail pour création d'entreprise

Si vous ne souhaitez pas reprendre votre travail à l'issue d'un congé pour création d'entreprise, vous devez en informer vore employeur au moins trois mois avant la date prévue de votre reprise de travail.

Prénom, nom
N°, rue
Code postal, ville
Téléphone

Ville, le ....

Monsieur,

Je suis depuis le 1er juin dernier en congé afin de reprendre une société de location-vente de bateaux de plaisance.

Cette affaire est aujourd'hui suffisamment saine financièrement pour que je prenne la décision de m'y consacrer définitivement.

Je vous informe donc, par la présente, de mon désir de rompre mon contrat de travail. En conséquence, je vous remercie de me délivrer un certificat de travail et de me verser les sommes qui me seraient éventuellement dues.

Veuillez agréer, Monsieur, l'expression de ma considération distinguée.

Signature

Demande de dispense de préavis

Prénom, nom
N°, rue
Code postal, ville
Téléphone

Ville, le ....

Monsieur,

Suite à notre entretien du ...., je sollicite auprès de vous l'autorisation de ne pas effectuer le préavis de .... mois prévu par la convention collective.

En effet (exposer les raisons).....

C'est pourquoi je souhaiterais partir dès le .... .

Dans l'attente d'une réponse favorable, veuillez agréer, Monsieur, mes respectueuses salutations.

Signature

Demande d'information suite à un licenciement économique

Prénom, nom
N°, rue
Code postal, ville
Téléphone

Ville, le ....

Monsieur,

En application des dispositions de l'article L 122-14-2 du code du travail, je vous prie de bien vouloir m'indiquer par écrit les critères que vous avez retenus pour fixer l'ordre des licenciements.

Veuillez agréer, Monsieur, mes respectueuses salutations.

Signature

Dénonciation d'un recu pour solde de tout compte

A noter : pour rendre nul et sans effet un reçu pour solde de tout compte, tout en acceptant de le signer, il suffit de faire précéder votre signature de la mention « sous réserve de mes droits passés, présents et futurs ». Si vous avez oublié cette formule magique et qu'une erreur s'est glissée dans ce reçu, il vous reste la possibilité de faire parvenir la lettre suivante à votre ancien employeur.

Prénom, nom
N°, rue
Code postal, ville
Téléphone

Ville, le ....

Monsieur,

Je soussigné(e) .... (nom, prénom) demeurant à (adresse) dénonce le reçu pour solde de tout compte que j'ai signé le ....

En effet, après examen de celui-ci, je constate que les montants qui m'ont été versés ne correspondent pas à mes propres calculs. J'estime avoir droit à un montant de .... francs, au titre de .... (nature des sommes ; par exemple : préavis, congés payés...).

Sous réserve de tous mes autres droits.

Signature

Demande pour bénéficier d'une priorité de réembauchage

Prénom, nom
N°, rue
Code postal, Ville
Téléphone

Ville, le ....

Monsieur,

Mon contrat de travail a été rompu pour motif économique le 2 février dernier.

Conformément aux dispositions de l'article L 321-14 du code du travail, je demande à bénéficier de la priorité de réembauchage qui m'est ouverte pour une durée d'un an à compter de la date de rupture de mon contrat de travail.

Je vous prie donc de bien vouloir m'informer de tout emploi devenu disponible et compatible avec ma qualification.

Je vous prie d'agréer, Monsieur, mes respectueuses salutations.

Signature

Départ volontaire à la retraite

Prénom, nom
N°, rue
Code postal, ville
Téléphone

Ville, le ....

Monsieur,

Je vous informe par la présente que j'ai décidé de faire valoir mes droits à la retraite. Je cesserai donc mon activité à l'issue du préavis de .... mois auquel je suis tenu, soit le .... .

J'ai noté qu'à cette date j'aurai droit à l'indemnité de départ en retraite définie à l'article L 122-14-13 alinéa 1 du code du travail.

Je vous prie d'agréer, Monsieur, mes respectueuses salutations.

Signature

Demande d'augmentation

Monsieur,

Lors de notre entretien annuel du 1er décembre dernier, vous m'aviez laissé espérer une augmentation de salaire au cours de l'année à venir.

Durant cette année, j'ai participé à de nombreux projets qui se sont soldés par un certain succès et ont récolté des échos positifs chez nos utilisateurs. Mon responsable de service s'en est d'ailleurs montré très satisfait et vient de me confier la responsabilité de créer l'intranet de notre service.

C'est pourquoi je vous serais reconnaissante de bien vouloir réexaminer le montant de mon salaire.

Je reste à votre disposition pour un éventuel entretien, et je vous prie d'agréer, Monsieur, l'expression de mes sentiments distingués.

Réclamations liées au paiement du salaire

Prénom, nom
N°, rue
Code postal, ville
Téléphone

Ville, le ....

Monsieur le Directeur,

Mon bulletin de salaire du mois de .... ne comporte le paiement que de six heures supplémentaires alors même que j'en ai effectué douze durant cette période.

En effet, au cours du mois de...., comme d'ailleurs le mois précédent, j'ai travaillé tous les samedis de .... à .... heures afin de terminer dans les temps.

Veuillez agréer, Monsieur le Directeur, l'expression de mes salutations distinguées.

Signature

Déclaration de maternité à l'employeur

Exemple 1

Prénom, nom
N°, rue
Code postal, ville
Téléphone

Ville, le ....

Monsieur,

Je vous informe que j'attends un enfant qui devrait naître aux alentours du 7 mai prochain. Je joins à la présente le certificat médical de grossesse indiquant la date prévue de l'accouchement.

Mon congé de maternité commencerait donc le .... et se terminerait le .... .

Je vous prie d'agréer, Monsieur, l'expression de mes sentiments distingués.

Signature

Exemple 2

Prénom, nom
N°, rue
Code postal, ville
Téléphone

Ville, le ....

Monsieur,

Comme vous le confirmera le certificat médical ci-joint, je vous informe par la présente de mon état de grossesse. La date présumée de mon accouchement est fixée au 7 janvier prochain.

La convention collective accordant des réductions d'horaire à raison de .... heures par jour à partir de .... mois de grossesse, je me permettrai, sauf objection de votre part, d'arriver à .... heures et de partir à .... heures.

Il m'est désormais impossible de garder la station debout plusieurs heures par jour. Conformément à l'article L 122-25-1 du code du travail, je vous serais reconnaissante de bien vouloir me procurer dans les meilleurs délais un travail me permettant de rester assise pendant une partie de la journée.

En espérant une réponse favorable, je vous prie d'agréer, Monsieur, mes respectueuses salutations.

Signature

Demande de non-renouvellement d'un CDD

Prénom, nom
N°, rue
Code postal, ville
Téléphone

Ville, le ....

Monsieur,

Le contrat à durée déterminée signé le 1er février dernier prévoyait la possibilité d'un renouvellement.

Je vous informe que je ne souhaite pas le renouvellement de ce contrat, dans la mesure où j'ai trouvé un autre emploi.

Je cesserai donc de travailler le 1er août, à la fin du premier contrat. Je vous remercie de bien vouloir me verser l'indemnité compensatrice de congés payés et l'indemnité de fin de contrat prévue par la loi.

Veuillez agréer, Monsieur, l'expression de mes sentiments distingués.

Signature

Refus d'une modification du contrat de travail

Prénom, nom
N°, rue
Code postal, ville
Téléphone

Ville, le ....

Monsieur,

Vous m'avez fait part le 2 février dernier de votre décision de modifier un élément de mon contrat de travail en me changeant d'emploi.

Je vous informe par la présente de mon refus d'accepter cette modification pour les raisons suivantes : .... (détaillez les motifs).

Au cas où vous ne pourriez pas revenir sur votre projet, je considérerai mon contrat comme rompu de votre fait. Il vous appartiendra alors de tirer les conséquences de cette situation en me versant, notamment, les indemnités de licenciement auxquelles je peux prétendre.

Vous voudrez bien me faire connaître rapidement votre décision.

Dans l'attente, veuillez agréer, Monsieur, mes respectueuses salutations.

Signature

Demande de certificat de travail ou d'attestation d'emploi

Monsieur,

Dans le cadre de la signature d'un contrat de location d'appartement, on me demande une attestation d'employeur précisant la date de mon arrivée dans l'entreprise, ainsi que ma qualification et ma rémunération, et ce pour la validation de mon dossier.

En vous remerciant de bien vouloir me répondre rapidement, je vous prie d'agréer...

Demande de modification des horaires de travail

Prénom, nom
N°, rue
Code postal, ville
Téléphone

Ville, le ....

Monsieur,

J'occupe actuellement un poste de secrétaire au service financier où je travaille de 9 heures à 18 heures.

Ma famille s'agrandissant, j'ai dû trouver un logement plus grand, mais malheureusement plus éloigné de mon bureau. Ayant de jeunes enfants, je rentre trop tard à la maison pour pouvoir m'occuper d'eux.

Me serait-il donc possible de modifier mes horaires de travail pour travailler de préférence entre 8 heures et 17 heures ?

Vous remerciant de votre compréhension, je vous prie d'agréer, Monsieur, l'expression de mes sentiments distingués.

Signature

Demande de mutation adressée à l'employeur par le salarié

Prénom, nom
N°, rue
Code postal, ville
Téléphone

Ville, le ....

Monsieur,

Pour des raisons de restructuration d'entreprise, mon mari a été muté à Lyon.

Afin que nos enfants puissent terminer leur année scolaire, nous avons décidé que je resterai jusqu'à la fin du troisième trimestre à Paris. A cette date, je souhaiterais vivement être mutée moi aussi à Lyon, afin que nous puissions retrouver une vie de famille.

Je vous serais très reconnaissante de bien vouloir examiner avec compréhension ma demande.

Je vous prie d'agréer, Monsieur, l'expression de mes sentiments distingués.

Signature

Demande de promotion

Prénom, nom
N°, rue
Code postal, ville
Téléphone

Ville, le ....

Monsieur,

Documentaliste aux études financières, je viens de suivre un congé individuel de formation qui m'a permis d'obtenir un DEA en finances.

C'est pourquoi je me permets de postuler pour le poste d'analyste financier du département Actions.

Je vous remercie de bien vouloir considérer ma demande attentivement, et reste à votre disposition pour un éventuel entretien.

Veuillez agréer, Monsieur, l'expression de ma considération distinguée.

Signature

Exemple de transaction

Il peut arriver que, pour éviter une longue et hasardeuse procédure devant la justice, les parties aient intérêt à se faire des concessions. Comme le dit le dicton : « Un bon accord vaut mieux qu'un mauvais procès... »

Entre les soussignés

La société Y située (adresse du siège social) d'une part, représentée par M. W, agissant en qualité de ....

Et

M. X, d'autre part demeurant .... (adresse)

Il est rappelé

- que M. X a été engagé, le ...., par la société Y en qualité de .... ;
- que par lettre datée du ...., M. X a été convoqué à un entretien préalable à son licenciement qui s'est déroulé le .... en présence de M. Z, représentant du personnel ;
- qu'il a été licencié pour faute grave par lettre recommandée avec accusé de réception du .... ;
- que le ..., M. X a demandé à la direction de lui accorder un nouvel entretien. Au cours de celui-ci, M. X a dit contester les faits qui lui étaient reprochés (ou leur gravité). Il a également fait état du préjudice qu'entraînera son licenciement en raison notamment .... (de son âge, de la situation de l'emploi...) ;
- qu'un différend est donc né entre les parties.

Soucieux de mettre définitivement un terme au litige les opposant, la société Y et M. X ont, à la suite de discussions amiables et de concessions réciproques, convenu et arrêté ce qui suit :

La société Y accorde à M. X

• soit une indemnité de .... euros à titre forfaitaire, transactionnel et définitif ;
• soit une indemnité légale ou conventionnelle de licenciement de .... euros ;
• soit une indemnité compensatrice de congés payés de .... euros.

De son côté M. X, à titre de concession, déclare renoncer à toutes autres prétentions et s'engage à n'exercer aucune action en justice liée au différend que les parties ont entendu régler dans la présente transaction.

En application des articles 2044 et suivants du code civil, la présente transaction règle définitivement le différend intervenu entre les parties, en étant revêtu de l'autorité de la chose jugée en dernier ressort.

Fait à ...., le ....

Signatures

Ce document a été établi en double exemplaire et remis à chacune des parties à la transaction.

2. La protection sociale

Demande d'allocation

Exemple 1

Messieurs,

Par courrier du ...., vos services m'informent du rejet de ma demande d'allocation chômage parce que j'ai démissionné.

Mon mari ayant été muté à Lyon, je me suis vue dans l'obligation de donner ma démission.

Je vous remercie donc de bien vouloir réexaminer mon dossier dans l'espoir d'une réponse positive.

Veuillez agréer...

Exemple 2

Madame, Monsieur,

Nous souhaiterions bénéficier d'une allocation de garde d'enfant à domicile. Nous avons deux jeunes enfants âgés respectivement de un an et trois ans. Mon mari et moi travaillons à plein temps avec un salaire de .... euros pour mon mari et .... euros pour moi-même. Je pense donc que nous remplissons les critères pour l'obtention de cette allocation.

Pouvez-vous me le confirmer et me dire quelles sont les démarches à entreprendre pour l'obtenir ?

Vous remerciant de votre réponse...

Exemple 3

Prénom, nom
N°, rue
Code postal, ville
Téléphone

Monsieur le Directeur
Assedic
N°, rue
Code postal, ville

Ville, le ....

Monsieur,

Agé de 18 ans, je viens d'obtenir le bac professionnel en comptabilité. Par courrier du 2 février, vous me dites que vous ne pouvez pas me prendre en charge au titre de l'allocation unique dégressive. Cependant, j'ai exercé une activité salariée pendant cinq mois ; en conséquence je peux prétendre à une allocation de base exceptionnelle.

Je vous remercie de revoir mon dossier de façon favorable, et vous prie d'agréer, Monsieur, l'assurance de ma respectueuse considération

Signature

Demande de prise en charge

Monsieur,

Je vous adresse par la présente le certificat de mon médecin traitant, qui m'a indiqué que ma maladie relevait d'une prise en charge à 100 %.

Je joins, pour la bonne tenue de mon dossier, mon dernier bulletin de salaire, et je me permets d'évoquer les graves problèmes matériels auxquels je dois faire face aujourd'hui. J'ai deux jeunes enfants à charge (4 ans et 7 ans), plus le remboursement du prêt contracté pour l'achat de notre appartement.

L'exonération du ticket modérateur me permettrait d'envisager un avenir moins sombre.

Dans cette attente, je vous prie d'agréer, Monsieur, l'expression de mes salutations distinguées.

Indemnités maladie

Monsieur,

Par courrier du 2 février dernier (photocopie ci-jointe), vous m'informez que je n'ai plus droit à l'indemnité journalière de 15 euros que vous m'aviez accordée à la suite de mon accident du travail.

Je conteste votre décision et vous prie de bien vouloir revoir mon dossier. Par ailleurs, je demande un contrôle médical par votre médecin expert pour faire constater mon état.

Voici les nom et coordonnées de mon médecin traitant afin que vous puissiez le contacter dans les meilleurs délais :

Dr Pierre Louis
5, avenue Forêt
44000 Nantes
Tél. : 02 40 40 40 40

Je vous prie d'agréer, Monsieur, l'expression de mes salutations les meilleures.

Assurance vieillesse

Exemple 1

Prénom, nom
N°, rue
Code postal, ville
Téléphone

Caisse assurance vieillesse
de la région ....
Service des recours gracieux
N°, rue
Code postal, ville

Ville, le ....

Monsieur le Directeur,

Pouvez-vous, je vous prie, m'adresser mon relevé de cotisations d'assurance vieillesse en me précisant le nombre de trimestres durant lesquels j'ai cotisé jusqu'à aujourd'hui.

Avec mes remerciements, je vous prie d'agréer, Monsieur le Directeur, l'expression de mes salutations distinguées.

Signature

Exemple 2

Monsieur,

Etant âgée de soixante ans, je souhaite prendre ma retraite à partir du 1er août prochain.

Pouvez-vous me préciser les démarches à effectuer et m'envoyer les imprimés à remplir pour faire ma demande officielle.

A toutes fins utiles, je vous signale que je suis née le .... et que je suis actuellement salariée de la Société Y, située .... (adresse).

Dans l'attente de votre réponse, je vous prie d'agréer, Monsieur, l'expression de mes sentiments distingués.

3. La consommation

Lettres de réclamation

Exemple 1

Prénom, nom
N°, rue
Code postal, ville
Téléphone

Nom du magasin
N°, rue
Code postal, ville

Ville, le ....

Monsieur,

Je vous ai commandé un canapé-lit « Rocher » qui devait m'être livré le 2 février comme il est spécifié sur le bon de commande n° 322 28 A.

Lors d'un entretien téléphonique le 3 mars dernier, vous m'aviez promis qu'il me serait livré au plus tard le 15. Or vous m'informez aujourd'hui qu'il me faut encore patienter deux semaines.

Comme nous en avions discuté ensemble lors de la signature de la commande, je comptais sur ce canapé lit pour une fête familiale, et ce retard me cause de sérieux problèmes d'organisation.

Je vous demande donc de livrer dans la semaine qui suit le canapé-lit commandé. Dans le cas contraire, je considérerai notre contrat comme rompu et vous réclamerai le remboursement des arrhes, ainsi que des dommages et intérêts.

Veuillez agréer, Monsieur, l'expression de mes sentiments distingués.

Signature

Exemple 2

Monsieur,

Suite à ma commande du 2 février dernier, référencé sous le n° A 5622, vous m'avez livré un fauteuil, le 2 mars.

Or ce fauteuil ne correspond pas à celui que je vous ai commandé : il est bleu ciel au lieu de bleu marine, couleur figurant sur le bon de commande.

Etant absente lors de la livraison, c'est notre concierge qui l'a réceptionné, ce qui explique l'absence de réserve sur le bon de livraison. Je vous prie donc de venir le reprendre, à vos frais, et de me livrer sous huitaine le fauteuil conforme à ma demande.

Veuillez agréer...

Exemple 3

Monsieur,

J'ai contracté un crédit auprès de vous pour l'achat d'un téléviseur le .... dernier.

Après avoir mûrement réfléchi, je souhaite renoncer à cet achat. Vous voudrez donc bien noter que j'annule ma demande de crédit, et en conséquence, ne pas me livrer ce téléviseur. Je vous demanderai également de bien vouloir me rembourser la somme de .... euros déjà versée.

Je vous prie d'agréer...

Demande d'application de garantie

Prénom, nom
N°, rue
Code postal, ville
Téléphone

Nom du magasin
N°, rue
Code postal, ville

Ville, le ....

Messieurs,

Le ...., nous avons acheté dans votre magasin de la rue Saint-Lazare un lecteur de DVD de marque .... qui présente d'importants défauts de fonctionnement.

En effet : .... (détailler les défauts).

Cet appareil étant sous garantie d'un an, nous vous demandons de bien vouloir faire effectuer la réparation en vertu de l'article 1625 du code civil.

Dans cette attente,

veuillez croire, Messieurs, en l'assurance de notre considération.

Signature

BON À SAVOIR

Il peut arriver que vos lettres restent sans effet auprès des commerçants. Dans ce cas, deux possibilités s'offrent à vous avant de vous lancer dans le contentieux auprès des tribunaux.

Vous pouvez vous adresser à la direction départementale de la concurrence et de la consommation (l'adresse vous sera fournie par votre préfecture ou votre mairie). Celle-ci vous aiguillera vers l'un des nombreux services existants : bureau de la répression des fraudes, direction de la concurrence ou encore services sanitaires...

Ou bien, adressez une copie de votre lettre à l'une des associations de consommateurs :

- INC, Institut national de la consommation. 80, rue Lecourbe, 75015 Paris. Tél. : 0 892 707 592 (0,34 e/min)
- UFC, Union fédérale des consommateurs. 11, rue Guénot, 75011 Paris. Tél. : 01 43 48 55 48
- FFF, Fédération des familles de France. 28, place Saint-Georges, 75009 Paris. Tél. : 01 44 53 45 90
- CNL, Confédération nationale du logement. 8, rue Mériel, 93104 Montreuil. Tél. : 01 48 57 04 64

4. Le logement

Locations saisonnières

Monsieur,

Nous avons pris possession de la maison que vous nous avez louée du .... au ...., et nous voulions vous signaler l'absence de plusieurs objets figurant sur l'état des lieux.

Voici la liste des objets manquants : .... (détailler).

Excepté ces quelques détails pratiques, nous sommes très heureux de cette location, et nous vous remercions de nous l'avoir conseillée.

Nous vous prions d'agréer...

Confirmer la location d'un appartement

Prénom, nom
N°, rue
Code postal, ville
Téléphone

Monsieur....
N°, rue
Code postal, ville

Ville, le ....

Monsieur,

Je vous confirme mon intérêt pour l'appartement visité ce jour, situé au 5 rue de la Forêt (2e étage droite).

Son loyer est de 600 euros mensuels charges comprises. Il sera disponible le 2 février prochain, ce qui me convient parfaitement.

Je souhaite donc que vous m'établissiez un bail de location aux conditions habituelles à compter du 2 février.

Concernant l'état des lieux, je serais disponible le soir après 18 heures. Au cas où vous souhaiteriez me contacter, je vous redonne mes coordonnées téléphoniques :
- bureau : 01 20 20 20 20
- domicile : 01 30 30 30 30 (à partir de 18 heures)

Je vous prie d'agréer, Monsieur, l'expression de mes sentiments distingués.

Signature

Le loyer

Demande de délai de paiement du loyer

Monsieur,

Vous avez pu remarquer que je vous réglais toujours très régulièrement mon loyer le 10 du mois.

Or j'ai actuellement des imprévus financiers qui m'empêchent de vous régler dans les délais impartis.

Auriez-vous l'amabilité d'accepter, à titre exceptionnel, que je vous règle mon loyer de janvier avec celui de février ?

En vous remerciant de votre compréhension, je vous prie d'agréer...

Excuses pour un retard de paiement de loyer

Monsieur,

J'ai bien reçu votre lettre de rappel de loyer et, après vérification, je constate que j'ai effectivement oublié de vous envoyer le chèque correspondant au loyer du mois de septembre.

Je vous prie de m'excuser pour ce retard, qui je l'espère ne vous aura pas trop ennuyé.

Veuillez agréer, Monsieur, l'expression de mes sentiments distingués.

Révision du montant du loyer

Monsieur,

Nous avons signé un bail de location le .... Une clause prévoit son augmentation automatique et annuelle en fonction de la variation de l'indice Insee du coût de la construction.

A compter du mois prochain le montant de votre loyer s'élèvera donc à .... euros.

Veuillez agréer, Monsieur, l'expression de mes salutations distinguées.

Demande de justificatif de charges locatives

Monsieur,

Les charges locatives que vous me réclamez, sans m'en signifier le détail, me semblent élevées.

Avant tout règlement, j'aimerais que vous m'adressiez le relevé annuel détaillé des charges.

Je souhaite également consulter les factures et autres pièces justificatives correspondant aux dépenses qui me reviennent.

Dans l'attente de votre réponse, je vous prie d'agréer, Monsieur, l'expression de mes sentiments distingués.

Autorisation d'entreprendre des travaux

Monsieur,

Je souhaiterais faire des travaux d'embellissement dans l'appartement que vous me louez depuis six mois.

En effet, j'ai l'intention d'installer une baignoire dans la salle d'eau en supprimant le bidet et la douche.

Pouvez-vous me donner l'autorisation d'entreprendre ces travaux qui amélioreront nettement le confort de votre appartement, et ce à mes frais ?

Je joins à la présente descriptif et plan.

Dans l'attente de votre réponse, je vous prie d'agréer...

Demande au propriétaire d'effectuer en urgence des travaux

Monsieur,

La chaudière à gaz de l'appartement que vous nous louez est vétuste : elle fait beaucoup de bruit et tombe en panne régulièrement. Il serait urgent de la remplacer par une autre plus conforme aux normes.

Ne réussissant pas à vous joindre, j'ai cru vous être agréable en faisant établir plusieurs devis, que je joins à la présente.

Vous remerciant d'intervenir le plus vite possible, je vous prie d'agréer...

Lettre pour émettre des réserves suite à l'état des lieux

Prénom, nom
N°, rue
Code postal, ville
Téléphone

Monsieur ...
N°, rue
Code postal, ville

Ville, le ....

Monsieur,

Je suis locataire depuis le .... de l'appartement situé au ...., et je viens de constater des défauts qu'il était difficile de remarquer lors de l'établissement de l'état des lieux.

En effet, ces défauts ne sont visibles qu'à l'usage : .... (donner la liste).

Aussi, je souhaiterais ajouter ces réserves sur l'état des lieux et me tiens à votre disposition si vous désirez venir constater ces défauts par vous-même.

Veuillez agréer, Monsieur, l'expression de mes sentiments distingués.

Signature

Donner son congé au propriétaire

Monsieur,

Ayant été muté en province, je suis dans l'obligation de résilier mon contrat de location.

Comme vous ne l'ignorez pas, la loi stipule que, dans ce cas, le préavis est d'un mois.

Aussi je quitterai les lieux le .... .

Dans l'attente d'une réponse pour fixer un rendez-vous afin d'établir l'état des lieux, je vous prie d'agréer, Monsieur, l'expression de mes sentiments distingués.

Demande de remboursement du dépôt de garantie

Monsieur,

Je vous ai remis les clefs de l'appartement dont j'étais locataire le .... et vous n'aviez émis alors aucune réserve à l'état des lieux que nous avions établi.

Aussi je suis surpris de n'avoir toujours pas reçu le remboursement du dépôt de garantie.

Je vous rappelle que nous n'avons aucun contentieux en cours, et que j'ai toujours payé mes loyers dans les délais.

Je vous prie donc de me restituer l'intégralité de cette somme le plus rapidement possible et vous indique que, conformément à la loi du 6 juillet 1989, celle-ci est productive d'intérêts au taux légal lorsque la période de deux mois a été dépassée.

Je vous prie d'agréer, Monsieur, mes respectueuses salutations.

Lettre pour donner congé au locataire

Monsieur,

J'ai le regret de vous informer que je ne compte pas renouveler le bail qui nous lie à son expiration.

En effet, je souhaite le mettre en vente.

Ainsi que le prévoit la loi, je vous informe que vous êtes prioritaire si vous désirez acheter cet appartement.

Je vous remercie donc de bien vouloir le libérer le .... .

Je prendrai contact avec vous pour convenir d'une date pour la remise des clefs et l'établissement de l'état des lieux.

Veuillez agréer, Monsieur, l'expression de mes sentiments distingués.

Annuler une promesse de vente

Prénom, nom
N°, rue
Code postal, ville
Téléphone

Monsieur ....
N°, rue
Code postal, ville

Ville, le ....

Monsieur,

Nous avons signé une promesse de vente en date du ...., concernant votre appartement situé au .... .

Malheureusement, la banque me refuse le prêt que je croyais pouvoir obtenir. En conséquence, je suis dans l'impossibilité de conclure cette vente.

Aussi, conformément à la loi du 13 juillet 1979, la promesse de vente est annulée. Je vous prie donc de me rembourser l'acompte versé à la signature de ladite promesse.

Je me permets de vous rappeler que vous devez me régler cette somme sous quinzaine à défaut de me devoir des intérêts calculés au taux légal, soit près de 5 % majorés de moitié.

Veuillez agréer, Monsieur, l'expression de mes salutations distinguées.

Signature

Demande d'imprimés pour le permis de construire

Monsieur le Maire,

Propriétaire d'un terrain constructible, cadastré C124, se trouvant sur votre village, je souhaiterais y construire un abri de jardin.

Pourriez-vous avoir l'amabilité de m'adresser les imprimés nécessaires à la constitution du dossier de permis de construire.

Avec mes remerciements...

5. Problèmes de voisinage

Plantation d'arbres et d'arbustes

Madame, Monsieur,

Comme je vous l'ai indiqué lors de notre dernière communication téléphonique, le sapin que vous avez sur votre terrain ne respecte pas la réglementation prévue par l'article 671 et 672 du code civil.

En effet, celui-ci précise que toutes plantations de plus de deux mètres doivent être plantées à moins de deux mètres de la limite séparatrice de deux terrains mitoyens.

Aussi je vous prie de les déplacer afin de respecter cet article.

En souhaitant que vous ferez le nécessaire rapidement, je vous prie d'agréer...

Nuisances

Madame, Monsieur,

Malgré mes nombreuses relances, il est apparemment impossible de prendre des mesures à l'amiable pour faire cesser le bruit qui me cause une gêne très compréhensible.

Aussi je vous laisse une dernière chance de régler notre différend en toute convivialité et de prendre ensemble les mesures nécessaires pour arrêter le tapage nocturne.

Sachez qu'en cas contraire, j'ai l'intention d'intenter une action en justice.

Par ailleurs, je vous informe avoir en ma possession de nombreux témoignages et que les habitants de l'immeuble ont signé une pétition à ce sujet.

Je vous prie d'agréer...

6. Assurances

Déclaration d'incendie

Prénom, nom
N°, rue
Code postal, ville
Téléphone

Nom de la compagnie
ou du courtier
A l'attention de M. ....
N°, rue
Code postal, ville

Ville, le ....

Monsieur,

J'ai le regret de vous informer que notre salle à manger a été ravagée par le feu la nuit dernière, 2 février. L'intervention rapide des pompiers a permis que les autres pièces ne soient pas touchées. La police venue sur les lieux n'a pas pu déterminer les causes de cet incendie.

Le mobilier de notre salle à manger a été entièrement brûlé. Je vous serais reconnaissant de demander à votre expert de venir le plus rapidement possible afin qu'il évalue le montant des dommages.

Je vous laisse mes différents numéros de téléphone pour que vous puissiez me contacter à tout moment :

- bureau : 01 20 20 20 20
- domicile : 01 30 30 30 30

Veuillez agréer, Monsieur, l'expression de mes sentiments distingués.

Signature

Déclaration de dégât des eaux

Monsieur,

Je vous signale que la rupture du tuyau de mon évier a entraîné une fuite d'eau dans ma cuisine.

L'incident s'est produit le .... dans la matinée. Dès que j'ai été prévenu par mon fils qui rentrait de l'école à 13 heures 30, j'ai appelé un plombier. Ce dernier s'est déplacé rapidement et a remplacé le tuyau défectueux. Je joins à la présente photocopie de sa facture.

L'eau qui s'est répandue jusqu'au couloir a abîmé la moquette de celui-ci, et il est possible que cette fuite ait entraîné d'autres dégâts non-visibles ce jour.

Je suis à votre disposition pour recevoir votre expert s'il désire se déplacer.

Dans l'attente de votre réponse...

Déclaration de vol

Monsieur,

Mon appartement a été cambriolé ce jour, alors que nous étions tous absents de la maison. Les cambrioleurs ont forcé la porte, et ont emporté un certain nombre d'objets de valeur.

Dès mon retour, vers 18 heures, j'ai fait venir la police, qui a établi un constat d'effraction.

Je joins à la présente le récépissé du dépôt de plainte, les photographies des objets volés, les factures de ces objets ainsi que la facture du serrurier.

Je vous prie donc de bien vouloir m'indemniser comme le prévoit mon contrat d'assurance vol n° 234567.

Je reste à votre disposition pour tout renseignement complémentaire.

Veuillez...

Modification de contrat

Monsieur,

J'ai entrepris des travaux dans mon pavillon, 2 avenue de la Forêt, à Nantes (44) qui augmentent sa superficie : celle-ci passe de 70 m^2 à 80 m^2. La maison comprend désormais une pièce supplémentaire.

En conséquence, pouvez-vous modifier mon contrat multirisque habitation n° 456876 et m'en adresser un exemplaire ?

Si vous jugez utile d'envoyer un expert sur place, je suis à votre disposition pour un rendez-vous.

Veuillez...

Résiliation d'une assurance par suite de hausse de prime non-justifiée

Monsieur,

Ayant pris connaissance de l'avis d'échéance de mon assurance multirisque habitation, je constate que celui-ci a augmenté de .... euros, soit une hausse de plus de 20 % sur l'année.

Cette augmentation n'est pas justifiée, je la refuse et vous demande de bien vouloir résilier ma police n° 976432.

Pouvez-vous me confirmer cette résiliation par courrier, et m'indiquer le montant de la prime à payer pour la période restant à courir entre la réception par votre compagnie de ma lettre recommandée et la date d'effet de la résiliation.

Je vous prie d'agréer...

Décès de l'assuré et demande d'avenant de transfert

Prénom, nom
N°, rue
Code postal, ville
Téléphone

Nom de la compagnie ou
du courtier
A l'attention de M. ....
N°, rue
Code postal, ville

Ville, le ....

Monsieur,

J'ai le regret de vous informer du décès de mon mari M. Philippe Dodi, 12 rue des Rochers à Marseille (13).

Je vous informe que je continue le contrat d'assurance multirisque habitation.

Je vous serais reconnaissante de faire le nécessaire pour modifier ce contrat à mon nom.

Je suis à votre disposition pour tout renseignement complémentaire que vous jugerez utile de me demander.

Veuillez agréer, Monsieur, l'expression de mes sentiments distingués.

Signature

Lettre à son assureur pour annoncer une vente

Prénom, nom
N°, rue
Code postal, ville
Téléphone

Nom de la compagnie ou
du courtier
A l'attention de M...
N°, rue
Code postal, ville

Ville, le ....

Monsieur,

Je vous informe avoir vendu un immeuble sis au 33, rue des Arbres à Pantin (93), garanti contre l'incendie par police n° .....

L'acquéreur est M. Patrick Roger demeurant au 2, rue des Anges à Paris (9e).

Ainsi qu'il a été indiqué dans le contrat de vente, le nouveau propriétaire s'est engagé à continuer le contrat d'assurance.

Je vous prie de bien vouloir me donner acte de ma déclaration.

Veuillez agréer, Monsieur, l'expression de mes salutations distinguées

Signature

Signalement du changement d'usage d'un véhicule

Monsieur,

Suite à notre dernière communication téléphonique de ce jour, je vous confirme le changement d'usage de ma Renault Twingo, immatriculée ..... Jusqu'à aujourd'hui je l'utilisais uniquement pour des déplacements privés. Je m'en servirai à compter de demain 14 heures pour des livraisons dans la région.

Je vous remercie de bien vouloir modifier mon contrat et de m'en donner confirmation dans les meilleurs délais.

Veuillez.....

Contestation d'une proposition d'indemnisation

Monsieur,

J'ai pris connaissance de votre offre d'indemnisation pour le préjudice que j'ai subi suite aux inondations survenues dans mon pavillon le .... .

Cette offre me paraît insuffisante étant donné l'ampleur des dégâts.

En conséquence, je refuse cette proposition et je vous demande une contre-expertise.

Veuillez...

7. Automobiles

Certificat de vente

Attestation

Je soussignée, Mme Isabelle Petit, demeurant 56 rue des Troènes à La Baule (44), certifie avoir vendu à Mme Diane Lidec, demeurant 3 rue des Alès à Nantes (44), ma Renault Twingo immaticulée .... .

Fait à La Baule,
Le 22 juin 1998.

Demande de certificat de non-gage

Monsieur,

Je vous serais reconnaissante de bien vouloir m'adresser un certificat de non-gage pour ma Renault Twingo, immatriculée .... .

Je joins à la présente une photocopie de la carte grise.

Avec mes remerciements...

Contestation d'une contravention

Monsieur le Préfet,

Le ...., j'ai dû laisser ma voiture en stationnement devant le 22 rue des Neveux à Roubaix, sans pouvoir mettre de ticket de parcmètre car aucun des horodateurs de la rue ne fonctionnait.

Malheureusement, en reprenant ma voiture, j'ai eu la désagréable surprise de trouver une contravention sur mon pare-brise signifiant pour « stationnement non payé ».

Je vous demande l'annulation de cette contravention en raison du non-fonctionnement des horodateurs.

Veuillez...

8. Invitations

Invitation à une pendaison de crémaillère

Prénom, nom
N°, rue
Code postal, ville

Chers amis,

Nous serons en fête le dimanche 1er février grâce à votre présence et à celle de tous nos amis. C'est en effet le jour que nous avons choisi pour pendre la crémaillère de notre nouvelle maison, et ce à partir de 12 heures.

Nous serons heureux de vous y accueillir, en toute simplicité.

A très bientôt une bonne réponse.

Invitation à un goûter d'enfants

Chère Madame,

Félix serait très heureux d'inviter Florent à partager avec lui cette journée du mercredi. Au programme : jeux à volonté... La récréation commencerait à 14 heures se terminerait vers 18 heures.

Voici nos coordonnées : ....

Croyez, chère Madame, à mon souvenir le meilleur.

Réponse positive

M et Mme Jean Lousset
22, rue d'Asnières
92340 Clichy-sous-Bois
Tél. : 01 56 25 22 13

Madame Françoise Lousset, notre baby-sitter, conduira Florent à votre gentille invitation, et le reprendra en fin de journée.

Réponse négative

Chère Madame,

Florent est très content de l'invitation qui lui est faite, mais malheureusement, ce mercredi après-midi, il doit participer à une compétition de rollers.

Je vous remercie vivement d'avoir pensé à Florent pour partager un moment détente avec Félix, et vous adresse, chère Madame, mon amical souvenir.

Demande à une personne de présider une réunion

Prénom, nom
N°, rue
Code postal, ville
Téléphone

Monsieur le Maire
Hôtel de ville
N°, rue
Code postal, ville

Ville, le ....

Monsieur le Maire,

L'association des Amis des animaux que j'ai l'honneur de présider organise un grand dîner annuel le .... à .... .

Le thème de notre soirée qui se déroulera au château de Rambouillet est la protection des animaux, sujet qui nous le savons tous est cher à votre cœur.

Nous serions très honorés si vous acceptiez de présider cette soirée.

Si vous pensez pouvoir vous libérez de vos nombreuses obligations et répondre favorablement à notre invitation, je me ferai un plaisir de vous adresser le plus rapidement possible le programme de cette soirée afin d'obtenir votre consentement.

En espérant une réponse positive, je vous prie de croire, Monsieur le Maire, en l'assurance de ma grande considération et de mon respect.

Signature

Demande à M. le Maire d'inaugurer un salon

Prénom, nom
N°, rue
Code postal, ville
Téléphone

Monsieur le Maire
Hôtel de ville
N°, rue
Code postal, ville

Ville, le ....

Monsieur le Maire,

Comme vous n'êtes pas sans savoir, nous organisons chaque année une exposition de peinture contemporaine destinée à promouvoir de jeunes artistes peintres.

Désirant cette fois donner un nouveau virage à ce mouvement qui ne peut être que bénéfique pour l'image de notre ville, je me permets de m'adresser à vous.

Sachant comme vous prenez très au sérieux toutes les initiatives locales, je voudrais vous demander de bien vouloir honorer de votre présence cette exposition, celle-ci étant prévue le 22 juin à 17 heures.

Dans l'attente de votre réponse qui je l'espère sera favorable, je vous prie d'agréer, Monsieur le Maire, l'expression de mes salutations distinguées.

Signature

9. Félicitations et vœux

Suite à un exploit sportif

Cher Monsieur,

La télévision a le mérite de nous reporter parfois des événements heureux et d'une émotion intense et de célébrer ainsi la gloire de gens hors du commun.

Votre exploit est sur le plan humain tout à fait remarquable, et j'imagine votre joie et fierté d'être venu au bout d'un tel combat. Mais la récompense est là, et j'espère qu'elle sera suivie par beaucoup d'autres.

Je suis content pour vous et les vôtres, et je vous prie de croire, cher Monsieur, à l'expression de mes sentiments respectueux.

D'un collaborateur à un supérieur

Cher Monsieur,

Nous venons de recevoir votre nomination au poste de .... . Mes collègues et moi-même en sommes ravis.

Ils m'ont chargé de vous présenter leurs bien sincères félicitations auxquelles je m'associe pleinement.

Veuillez...

Pour un avancement (militaire par exemple)

Mon Commandant,

Le journal .... (indiquer la source) m'apprend l'heureuse nouvelle de votre promotion. Je vous présente mes respectueuses félicitations.

C'est aussi l'occasion pour moi d'évoquer la période pendant laquelle j'ai eu l'honneur de servir sous vos ordres, période dont je garde de très bons souvenirs.

Je vous prie, mon Commandant...

Pour la nouvelle année

Exemple 1

Chers amis,

A l'occasion de cette nouvelle année veuillez recevoir nos vœux les plus sincères

Amitiés à tous.

Exemple 2

Que 2004 vous permette de réaliser tous les vœux que je forme pour vous.

Exemple 3

M. et Mme Laporte
vous adressent tous leurs vœux de bonheur et de santé pour la nouvelle année.

10. Les événements de la vie

Naissance et adoption

Faire-part de naissance

Florent, Charlotte et leurs parent sont heureux de vous annoncer la naissance de Félix le .... à .... .

Félicitations (carte de visite)

Monsieur et Madame Louis Petite
félicitent les heureux parents. Ils adressent tous leurs vœux de bonheur au petit Félix.

Fiançailles

Faire-part de fiançailles

Sandra et Louis
ont la joie de vous annoncer leurs fiançailles.

Sandra Rodier
19, rue des Roses
44000 Nantes

Louis Pelleux
2, rue des Arbustes
44000 Nantes

Invitation à une réception par les fiancés

Sandra et Louis
vous attendent pour faire la fête en l'honneur de leurs fiançailles le samedi 12 décembre 2004 de 20 heures 30 au petit matin au 22, bd Beaurivage, 75017 Paris. R.S.V.P. : 01 40 40 40 40

Mariage

Faire-part de mariage

M. et Mme Serge Beneau
Mme René Beneau
ont l'honneur de vous faire part du mariage de leur fils et petit-fils,
M. Laurent Beneau
avec Mlle Carole Bijou
6, rue des Fleurs, Paris 17^{e}

Invitations

Par tradition ce sont les mères de la mariée et du marié qui invitent.

Josiane Roger
et
Dominique Leleux
ont la joie de vous recevoir le .... à partir de 20 heures à ....

Lettre d'acceptation

Chers amis,

C'est avec grand plaisir que nous avons reçu votre invitation, et nous vous en remercions.
Nous nous faisons une joie d'être parmi vous en cet heureux jour et de pouvoir vous présenter par nous-mêmes tous nos vœux aux jeunes mariés.

Refus

M. et Mme Froment
remercient Mme Billaud de son aimable invitation et regrettent de ne pouvoir s'y rendre, et la prient d'adresser leurs félicitations et leurs vœux aux jeunes fiancés.

Félicitations

M. et Mme Robert
sont très heureux d'apprendre votre mariage et vous adressent leurs meilleurs vœux de bonheur.

11. Décès

Concessions de cimetières

A noter : il est possible de faire inhumer un proche dans une propriété privée mais il faut une autorisation préfectorale.

Monsieur le Préfet,

Nous avons l'honneur de vous demander de bien vouloir nous donner l'autorisation de faire inhumer notre père dans notre propriété.

Celle-ci est éloignée du village et de tout voisinage. En effet, ...

Ainsi les diverses conditions requises sont satisfaites.

Dans l'attente d'une réponse favorable, veuillez...

Annonce d'un décès à l'employeur

Monsieur,

J'ai la douleur de vous faire part du décès de mon père Monsieur ...., employé au service de .... depuis le .... .

Je vous prie d'agréer, Monsieur...

Lettre aux impôts

Monsieur,

Je vous informe du décès de Monsieur ...., demeurant à .... .

Celui ci est survenu à .... le .... .

Je joins à la présente une copie de l'acte de décès ainsi qu'une déclaration de revenus pour l'année en cours.

Veuillez agréer...

BON À SAVOIR

Autres organismes à prévenir par courrier, éventuellement recommandé, et accompagné d'un extrait de l'acte de décès :
- les organismes sociaux (Sécurité sociale, mutuelle, caisse de chômage, caisse de retraite, etc.) ;
- les compagnies d'assurances ;
- les organismes financiers ;
- les organismes de crédit ;
- le propriétaire (si le défunt était locataire) ou le notaire (en cas de succession).

Demande de fermeture du compte du défunt

Monsieur,

J'ai le regret de vous informer du décès de mon père, Monsieur .... qui demeurait .... .

Veuillez donc fermer son compte courant n° ...., ouvert dans votre agence.

Je vous prie d'agréer...

Demande de versement d'une pension de réversion

Monsieur,

Mon mari, Monsieur ...., demeurant ...., est décédé le .... . Il était retraité depuis le .... et affilié à votre caisse de retraite sous le n° .... .

Pouvez-vous me préciser quelles sont les conditions de versement de la pension de réversion et m'adresser les imprimés nécessaires afin d'en faire la demande.

Je joins à la présente un extrait de l'acte de décès ainsi qu'une fiche familiale d'état civil.

Veuillez agréer...

Condoléances

Monsieur Robert Villa,
apprenant la triste nouvelle prend part à votre peine et vous redit sa profonde affection.

12. L'école

Inscription

Prénom, nom
N°, rue
Code postal, ville
Téléphone

Monsieur le Proviseur
Collège ....
N°, rue
Code postal, ville

Ville, le ....

Monsieur le Proviseur,

Nous allons emménager à Nantes au cours de l'été prochain.

Je souhaiterais donc inscrire mon fils Félix dans votre établissement pour la prochaine rentrée scolaire.

Félix, né le 22 juin 1992, est en classe de cinquième au collège Jules Boboin à Paris (12e arrondissement). Il devrait passer en quatrième sans difficulté. Il a choisi l'anglais en première langue. Je joins à la présente les photocopies de ses derniers bulletins scolaires.

Je reste à votre disposition pour vous fournir tous les renseignements complémentaires.

Dans l'attente de votre réponse, je vous prie, Monsieur le Proviseur, d'agréer l'expression de mes salutations distinguées.

Signature

Prise de médicaments

Monsieur le Directeur,

Notre fille Muriel souffre depuis plusieurs jours d'une conjonctivite non contagieuse qui nécessite l'administration d'un traitement toutes les deux heures.

Afin d'éviter une trop longue absence et un retard dans sa scolarité, nous souhaitons que Muriel reprenne la classe. Nous vous serions très obligés de prendre soin d'elle et, à titre exceptionnel, de lui administrer son traitement dont nous joignons une copie de l'ordonnance.

Veuillez agréer, Monsieur le Directeur, l'expression de notre profonde gratitude.

Mots d'excuse

Pour une absence

Monsieur .... (nom de l'instituteur),

Nous vous prions d'excuser notre fille Sabrina pour son absence du lundi 3 au jeudi 6 mai. Victor souffrait d'une rhino-pharyngite et notre médecin lui a conseillé de rester à la maison.

En vous souhaitant bonne réception...

Pour un retard

Monsieur .... (nom de l'instituteur),

Nous vous prions de bien vouloir excuser notre fille Virginie pour son retard de ce matin. Le passage à l'heure d'été nous a perturbés. Nous avions, son père et moi, oublié de changer d'heure et le réveil a donc sonné une heure en retard.

Nous sommes très sincèrement désolés pour cet incident.

Veuillez accepter...

Pour une absence pour cause de maladie

Monsieur le Directeur,

Ma fille Elsa, élève du CM1 B, est actuellement hospitalisée pour une appendicite qui ne lui permettra pas de revenir à l'école avant deux semaines. Vous trouverez ci-joint le certificat médical.

Afin qu'elle ne prenne pas trop de retard dans sa scolarité, serait-il possible de lui communiquer ses leçons et ses devoirs ?

En vous remerciant par avance...

Dispense d'activités sportives

Madame .... (nom de l'institutrice),

Notre fils Rémi souffre depuis plusieurs jours d'une entorse au poignet. Il ne pourra donc pas participer au prochain cours de patinage. Nous vous prions de l'excuser.

Nous espérons que cette absence ne le retardera pas trop dans l'apprentissage de cette discipline.

En vous souhaitant bonne réception...

Changement d'établissement suite à un déménagement

Monsieur le Proviseur,

Nous allons déménager dès la prochaine rentrée scolaire pour habiter .... (indiquer la nouvelle adresse). Ma fille Katia devra donc changer de lycée et poursuivre sa scolarité au lycée .... (nom et adresse de l'établissement).

Afin de faciliter nos démarches, pourriez-vous transmettre son dossier scolaire à son nouvel établissement, dont Madame .... est le Proviseur.

En vous remerciant par avance...

Dérogation d'âge pour une inscription en cours préparatoire

Votre enfant de 5 ans est en avance pour son âge et vous souhaitez qu'il passe au cours préparatoire dès la rentrée prochaine.

Madame la Directrice,

Ma fille Félicie fréquente votre école depuis le début de sa scolarité. Elle aura six ans au cours du début du deuxième trimestre scolaire.

D'après son instituteur, Monsieur ...., Félicie sait déjà lire et écrire. Elle est très sociable et parfaitement adaptée à la vie en collectivité. La maintenir en maternelle pourrait provoquer un désintérêt pour l'école. Nous craignons qu'elle s'ennuie si elle est obligée de rester encore une année dans votre établissement.
Une inscription au cours préparatoire, à la prochaine rentrée scolaire, lui serait certainement profitable.

Je sollicite donc votre accord pour une dérogation afin de pouvoir inscrire Félicie au cours préparatoire de l'école .... (nom de l'école où vous souhaitez l'inscrire).

En vous remerciant par avance...

Dérogation géographique

Vous souhaitez inscrire votre enfant dans une autre école que celle dont dépend votre domicile. Pour cela vous devez obtenir l'accord de l'école dont vous dépendez et celui de l'école où vous souhaitez l'inscrire.

Pour l'école dont vous dépendez

Monsieur le Directeur,

Ma fille Christine devait poursuivre sa scolarité dans votre établissement à la prochaine rentrée scolaire.

Compte tenu de nos activités professionnelles, il nous est impossible de l'accompagner et de la ramener à notre domicile. Aussi, je souhaite l'inscrire à l'école .... (indiquez le nom et l'adresse de l'établissement). En effet, celle-ci se situe à proximité du domicile de mes beaux-parents qui se chargeraient d'accompagner et de ramener Christine chaque jour.

Je sollicite votre accord pour cette dérogation.

En espérant une réponse positive de votre part...

Pour l'école où vous souhaitez l'inscrire

Monsieur le Directeur,

Mon fils Alexandre est actuellement scolarisé à l'école .... .

Cependant, je souhaite l'inscrire dans votre établissement dès la rentrée prochaine car il est situé près du domicile de mes beaux-parents.
En effet, compte tenu de nos activités professionnelles, il nous est impossible de l'accompagner et de la ramener à notre domicile alors que mes beaux-parents, à la retraite, pourraient s'en charger chaque jour.

Madame la Directrice de l'école .... (nom de l'école dont vous dépendez) m'a fait part de son accord écrit. J'espère que vous pourrez en faire de même.

En vous remerciant par avance...

P.J. Accord écrit de son établissement

Demande de rendez-vous au professeur principal

Monsieur .... (nom du professeur),

Nous venons de recevoir le dernier carnet de notes de notre fils Bertrand et nous sommes consternés. Bertrand qui jusqu'alors avait de très bons résultats et des appréciations très élogieuses connaît une baisse générale de ses résultats. De plus, tous les commentaires de ses professeurs sont négatifs.
Nous ne nous expliquons pas ce changement et nous nous inquiétons pour la suite de sa scolarité.

Nous vous serions reconnaissants de nous faire part de votre avis. Nous pourrions peut-être en parler lors d'une prochaine rencontre que vous voudriez bien nous accorder.

Dans cette attente et en vous remerciant par avance...

Demande d'inscription provisoire à la cantine

Monsieur le Directeur,

La baby-sitter de ma fille Véronique doit subir une intervention chirurgicale, du .... au .... . Compte tenu de nos obligations professionnelles, nous ne pourrons pas venir la chercher et la raccompagner à l'heure du déjeuner.

Je vous serais très obligée de l'inscrire à la cantine durant cette période.

Dans l'attente de votre réponse et en vous remerciant par avance...

13. Les impôts

Demande de remise gracieuse de la redevance TV

Recommandé avec avis de réception

Monsieur le Directeur,

Je viens de recevoir mon avis de redevance télévision d'un montant de .... euros à régler avant le .... .

Vivant seule avec à charge deux enfants et n'étant pas soumise à l'impôt sur le revenu ni à l'impôt sur la fortune, je sollicite de votre bienveillance de bénéficier de l'exonération de la redevance télévision, comme je pense en avoir le droit.

Je vous joins en annexe tous les documents justifiant ma situation et démontrant la précarité de ma situation.

En vous remerciant par avance, veuillez agréer...

Demande de délai de paiement

Recommandé avec avis de réception

Madame la Responsable de centre,

J'ai été assujetti à l'impôt sur le revenu suivant l'avis d'imposition ci-joint.

La société Carier, dans laquelle je travaillais depuis un an, vient de déposer son bilan, et mes allocations chômage ne me seront versées que dans trois mois. Je suis donc dans l'incapacité de régler cette somme dans les délais.

Je vous serais très reconnaissant de bien vouloir m'accorder un délais de paiement le plus large possible. Vous trouverez ci-joint les documents justifiant de mes revenus et de mes charges ainsi que la lettre confirmant la liquidation de la société Carier et mon licenciement.

En vous remerciant de la bienveillance que vous voudrez accorder à ma demande...

Demande pour être exonéré de la taxe d'habitation

Prénom, nom
N°, rue
Code Postal, Ville
Téléphone
Réf : .... (n° de votre dossier)

Inspection générale des impôts
de la ville de....
N°, rue
Code postal, ville

Ville, le ....

Recommandé avec avis de réception

Monsieur l'Inspecteur,

Agé de 65 ans et vivant seul, mon revenu net imposable s'élève à .... euros par mois. Je ne suis donc pas soumis à l'impôt sur le revenu.

A ce titre, je suis donc exonéré de la taxe d'habitation, et je vous prie de faire le nécessaire pour que le dégrèvement correspondant à cette taxe soit réglé rapidement.

Vous trouverez ci-joint la photocopie de tous les justificatifs de ma situation.

Je vous prie d'agréer, Monsieur l'Inspecteur, l'expression de mes salutations distinguées.

Signature

Réclamation contre une erreur d'imposition

Recommandé avec avis de réception

Monsieur le Responsable de centre,

Vous venez de m'adresser mon avis d'imposition sur le revenu et il me semble qu'il comporte un certain nombre d'erreurs.

Mon quotient familial devrait s'élever à 3,5 et non à 2,5 et vous n'avez pas pris en compte la déduction forfaitaire de mes frais de repas à laquelle j'ai droit.

Je vous serais donc reconnaissant de bien vouloir rectifier cette erreur et de ne pas exiger le paiement de la somme que je conteste.

En vous remerciant par avance et dans l'attente de votre réponse...

14. La banque

Lettre de contestation

Prénom, nom
N°, rue
Code postal, ville
Téléphone
Réf : .... (n° de compte bancaire)

Nom de la banque
Agence de ....
N°, rue
Code postal, ville

Ville, le ....

Madame, Monsieur,

L'examen de mon dernier relevé bancaire laisse apparaître la perception par vos soins d'une somme de .... euros au titre d'agios.

Selon l'article 7 de la loi du 18 janvier 1992, vous étiez tenu d'obtenir mon accord explicite avant de prélever ces frais sur mon compte. Or, à aucun moment je n'ai été informé ni de l'existence ni du taux de ces frais.

En conséquence, je vous mets en demeure de recréditer mon compte de la somme indûment prélevée.

A défaut, je porterai le litige devant le tribunal d'instance.

Veuillez croire, Monsieur, en l'assurance de ma considération.

Signature

Demande d'autorisation de découvert

Messieurs,

A la suite de différentes difficultés d'ordre familial, j'ai été amené à faire un certain nombre de dépenses exceptionnelles ce mois-ci.

Ainsi, jusqu'au versement de mon salaire en début de mois prochain, mon compte ne sera pas suffisamment alimenté.

C'est pourquoi, je sollicite l'autorisation d'utiliser mon compte à découvert jusqu'à cette prochaine échéance.

Le découvert devrait être limité à .... euros.

Je vous remercie par avance et

vous prie de croire...

Chèque sans provision

Madame, Monsieur,

Vous m'avez remis, le ...., un chèque de .... euros, numéroté .... et tiré sur la banque .... *(nom de la banque)*, agence de .... *(indiquer la ville)*.

Après remise de banque, il s'avère que ce chèque a été émis sans provision.

Je vous mets donc en demeure par la présente d'honorer votre dette, soit en provisionnant votre compte afin qu'une seconde présentation puisse être faite, soit en me faisant parvenir par tout moyen à votre convenance la somme correspondante en liquide.

A défaut d'une régularisation dans un délai de trente jours, ma banque me remettra un certificat de non-paiement. Ce document permet, après avoir été signifié par huissier, d'opérer une saisie sur vos biens, revenus et avoirs.

Veuillez agréer...

Perte de chéquier ou de carte bancaire

Même s'il ne faut pas oublier de faire opposition par téléphone dans les meilleurs délais, il est indispensable d'envoyer une confirmation écrite à votre agence bancaire. Si vous pensez qu'il peut s'agir d'un vol, vous devez en plus faire une déclaration auprès du commissariat ou de la gendarmerie dans les plus brefs délais.

Messieurs,

Je vous confirme l'opposition que j'ai formulée auprès de votre établissement le .... à .... heures, après la perte (ou le vol) de mon chéquier, du n° .... au n° .... (ou de ma carte de paiement X).

Vous trouverez ci-joint copie de la déclaration de vol effectuée auprès du commissariat de police dont dépend mon domicile.

Je vous prie de croire...

Emprunts

Messieurs,

Vous m'avez consenti un crédit de .... euros pour l'achat de .... *(précisez l'objet de l'achat)* par un contrat référencé .... et daté du .... .

Or, je rencontre actuellement de grosses difficultés financières *(indiquez le motif : perte d'emploi, maladie...)* et il m'est impossible d'honorer les échéances fixées.

Je sollicite de votre bienveillance la diminution des mensualités de remboursement de ce prêt ainsi qu'un allongement de la période de remboursement. Je vous propose le nouvel échéancier suivant : ....

Je souhaite que nous puissions trouver un accord amiable et, dans le cas contraire, je me verrais obligé de m'en remettre au juge d'instance dans le cadre des dispositions de l'article L 313.12 du code de la consommation et de l'article 1244-1 du code civil.

Croyez....

15. La justice

Témoignage

Attestation

Je soussigné(e) ...., né(e) le .... à ...., demeurant .... et exerçant la profession de ...., n'ayant aucun lien de parenté avec M. X, atteste des faits suivants :

J'ai connu M. X dans le cadre de mon activité dans la société Z, où j'ai été engagé le .... . M. X semblait tout à fait bien considéré et apprécié, notamment pour son dynamisme, dans le poste de responsable de l'équipe commerciale. A partir de janvier 1999 toutefois, il a commencé à avoir des difficultés avec M. C, nouveau directeur marketing de la société. J'ai personnellement assisté à de très nombreuses remises à l'ordre de M. X par M. C et ai pu juger qu'il s'agissait la plupart du temps de faits véniels. Dès la fin du premier trimestre de cette année, il était devenu de notoriété publique qu'une mésentente d'ordre interpersonnelle existait entre M. X et M. C.

Lorsqu'en juillet dernier, M. V, P.D.G. de l'entreprise, nous apprit la mise en cause de M. X qui aurait détourné une partie des chèques correspondant aux avances clients, je n'ai pas été seul à être étonné car l'honnêteté de M. X, qui avait plus de dix ans d'ancienneté, était reconnue par tous.

Je suis informé que la présente attestation pourra être produite en justice et notamment dans le cadre de l'instance prud'hommale engagée par M. X contre la Société Z, et que le faux témoignage peut entraîner une condamnation pénale.

Fait, à ...., le .... .
Signature

PJ. Copie de ma carte nationale d'identité.

Dépôt de plainte

Suivant les cas, une plainte est à adresser au procureur de la République du tribunal de grande instance du lieu de l'infraction ou auprès du commissariat ou de la gendarmerie qui transmettront, après enquête.
En ce qui concerne l'identité de l'auteur, soyez prudent. En cas de non-lieu vous pourriez être poursuivi à votre tour, cette fois pour dénonciation calomnieuse.
Le procureur peut soit classer la plainte (auteur non-identifiable, infraction non-caractérisée...) soit décider de poursuivre l'auteur des faits en le faisant convoquer par le tribunal ou en ouvrant une information *via* le juge d'instruction.

Prénom, nom
N°, rue
Code postal, ville

Monsieur le Procureur
de la République
Tribunal de grande instance de ....
N°, rue
Code postal, ville

Ville, le ....

Monsieur le Procureur
de la République,

Je soussigné ...., exerçant la profession de ...., né le .... à ...., demeurant à ...., de nationalité française, porte à votre connaissance les faits suivants :

Dans le cadre de sa mission d'expertise comptable des comptes annuels de notre société, Monsieur X du Cabinet Y m'a informé de la disparition d'une somme totale de 20 000 euros correspondant aux avances clients sur des commandes de réparation de véhicules passées entre le 1er mai et le 31 décembre 2003.

Après enquête, il est apparu que les chèques correspondants avaient été encaissés directement sur son compte bancaire par notre salarié, Monsieur W, demeurant ...., et qui a reconnu les faits dans une attestation écrite que je joins à la présente plainte.

En conséquence, j'ai décidé de porter plainte contre Monsieur W pour vol, détournement de fond et faux en écriture privée.

Veuillez agréer, Monsieur le Procureur de la République, l'expression de ma grande considération.

Signature

Pension alimentaire

Monsieur ou Madame le Juge,

Je suis mariée avec M. X depuis le .... .

Mon époux a quitté le domicile conjugal depuis le ...., me laissant seule avec nos deux enfants, nés le .... et le .... . Je précise que depuis cette date il ne participe plus aux charges du ménage.

Ayant cessé mon activité professionnelle pour m'occuper de mes enfants, je ne dispose d'aucune ressources personnelles tandis que mon mari perçoit un salaire de .... euros.

Notre logement représente une charge mensuelle de .... euros et les autres dépenses nécessaires à la vie quotidienne s'élèvent à environ .... euros par mois.

C'est pourquoi je vous demande de fixer la contribution aux charges du ménage à verser par mon mari à la somme .... euros par mois.

Je vous remercie de la bienveillante attention que vous voudrez bien accorder à ma demande, et je vous prie de croire...

Conclusion avant une audience

Si vous décidez de vous défendre seul devant un tribunal (voir tableau), vous devrez produire des conclusions qui seront transmises au tribunal dans une note écrite. Vous devrez également fournir au tribunal et à la partie adverse, dans un délai raisonnable avant l'audience, toute pièce utilisée dans l'affaire (attestation, pièce justificatives, preuves...).

Pour .... (votre nom), contre .... (nom de votre adversaire).

Rappel des faits : .... (si nécessaire, relisez attentivement le chapitre « Savoir argumenter »).

Mes demandes : ....

A quel tribunal s'adresser ?

Nature du litige	Tribunal compétent	Nécessité d'un avocat
Familial		
Adoption, héritage, régimes matrimoniaux	Tribunal de grande instance	oui
Divorce, droits de visites...	Juge aux affaires familiales	oui
Procédures après divorce (modification autorité parentale par exemple)	Juge aux affaires familiales	non
Contribution aux charges du ménage, obligation alimentaire	Juge aux affaires familiales	non
Protection des incapables majeurs	Juge des tutelles	non
Immobilier		
Revendication de propriété	Tribunal de grande instance	oui
Bornage	Tribunal d'instance	non
Annulation d'une décision d'assemblée	Tribunal de grande instance	oui
Paiement des charges de copropriété	Tribunal de grande instance ou d'instance (selon montant de l'amende)	non

Nature du litige	Tribunal compétent	Nécessité d'un avocat
Professionnel		
Litiges individuels entre employeurs et salariés	Conseil de prud'hommes	non
Conflits collectifs du travail (grève par exemple)	Tribunal de grande instance	oui
Relations locatives		
Paiement du loyer, résiliation bail, restitution dépôt de garanties	Tribunal d'instance	non
Litiges baux ruraux	Tribunal paritaire des baux ruraux	non
Fixation du prix d'un bail commercial	Juge des loyers commerciaux	non
Demande d'indemnité d'éviction (baux commerciaux)	Tribunal de grande instance	oui
Vie des affaires		
Crédit à la consommation	Tribunal d'instance	non
Litiges avec un commerçant	Tribunal d'instance ou de grande instance suivant le montant de la demande	non/oui

16. Les achats

Annulation de commande

Attention : lisez bien le bon de commande que vous avez signé pour vérifier le délai de désistement qui vous est donné. Voir aussi le tableau « Le calendrier de vos droits » (p. 140).

Madame,

Le ...., je vous ai versé la somme de .... euros pour confirmer ma commande de .... *(précisez l'objet commandé)*.

Je n'ai plus l'intention d'acquérir cet objet et c'est pourquoi je vous demande de bien vouloir annuler sa livraison.

Conformément à l'article L 141.1 du code de la consommation, la somme versée, n'ayant pas reçue de dénomination, doit être considérée comme des arrhes.

Cela me permet de revenir sur ma commande moyennant la perte de cette somme, sans autre pénalité.

Veuillez...

Vice caché ou tromperie

Exemple 1

Messieurs,

L'article ...., acheté dans votre magasin le .... (ci-joint copie du ticket de caisse), présente d'importants défauts *(décrivez-les)*, rendant impossible son utilisation dans des conditions normales.

En application des articles 1641 et suivants du code civil, je vous demande de bien vouloir procéder à l'échange de cet article contre un article en bon état de fonctionnement.

Dans cette attente,

recevez...

Exemple 2

Messieurs,

Dans le cadre du voyage organisé dans la ville de ...., du .... au ...., acheté dans votre agence (contrat n° ....), une excursion d'une journée était prévue. Or, à la suite de divers contretemps dus aux organisateurs, aucun déplacement n'a été proposé.

Je vous demande donc, en application de l'article 23 de la loi du 13 juillet 1992, un dédommagement pour inexécution des obligations prévues au contrat. Je souhaite obtenir la somme de .... euros correspondant au prix d'une journée de ce voyage.

Dans l'attente de votre réponse que j'espère positive,

je vous prie...

Achat à distance

La vente à distance est extrêmement réglementée. Le principe est simple : le consommateur dispose dans ce cas d'une sorte de droit de « vérification sur pièce » de la qualité de l'article, et ce pendant sept jours francs.

Exemple 1

Prénom, nom
N°, rue
Code postal, ville
Téléphone

Nom de l'entreprise de vente
à distance
N°, rue
Code postal, ville

Ville, le ....

Messieurs,

Le ...., je vous ai commandé par téléphone, suite à une publicité que j'avais lue dans .... (précisez le nom du magazine ou du support) un .... (désignation du produit). Ce dernier m'a régulièrement été livré le .... .

Je désire néanmoins annuler la vente comme me le permet la loi du 6 janvier 1988, dans un délai de sept jours, et je vous adresse donc en retour l'article dans son emballage d'origine.

Je vous remercie de me rembourser par retour l'intégralité de la somme versée.

Recevez, Messieurs, mes salutations distinguées.

Signature

Exemple 2

Messieurs,

Par la présente, je vous informe n'avoir jamais reçu .... *(désignation de l'article)* que j'avais commandé par téléphone le .... et réglé par débit de ma carte bleue. Selon la réglementation en vigueur, j'annule donc ma commande et exige le remboursement immédiat du montant acquitté, soit .... euros.

A défaut de réponse de votre part, je transmettrai les coordonnées de votre entreprise à la Direction de la concurrence et de la répression des fraudes afin qu'elle examine cette affaire.

Recevez...

Vente forcée

Prénom, nom
N°, rue
Code postal, ville
Téléphone

Nom de l'entreprise
N°, rue
Code postal, ville

Ville, le ....

Messieurs,

En date du ...., j'ai reçu de votre part l'envoi de .... (désignation de l'article). Cet envoi était accompagné d'une lettre indiquant que j'avais le choix entre conserver l'article en acquittant la somme de .... euros, ou le renvoyer à mes frais. Or je ne vous ai adressé aucune commande. Il s'agit donc d'un envoi forcé, pratique sanctionnée par l'article R 635-2 du code pénal.

Je n'acquitterai donc pas la somme demandée, pas plus que je n'assumerai les frais du renvoi de ce produit. Je vous informe que je n'hésiterai pas à porter plainte si vous continuez de m'importuner en me demandant le paiement d'une quelconque somme. En revanche, l'objet est à votre disposition à mon domicile si vous souhaitez le récupérer.

Recevez, Messieurs, mes salutations distinguées.

Signature

Abus de faiblesse et vente à un mineur

Exemple 1

Monsieur,

Lors de la Foire de Paris, vous avez fait souscrire à ma mère, âgée de 83 ans, une promesse de vente pour un appartement étudiant qui doit, après l'achat, être géré en location commerciale sous le régime du bail 3/6/9 par votre propre société.

Vous avez visiblement profité du fait que ma mère ne possède plus une très bonne audition et maîtrise fort mal les problèmes juridiques et financiers.

Vous n'ignorez sans doute pas que l'article 7 de la loi du 22 décembre 1977 prévoit des sanctions pénales en cas d'abus de faiblesse ou d'ignorance.

En conséquence, il est évident que la promesse de vente qu'elle a signée est nulle et je vous prie de lui rembourser les sommes versées sous huit jours, faute de quoi nous porterons plainte devant Monsieur le procureur de la République.

Veuillez...

Exemple 2

Prénom, nom
N°, rue
Code postal, ville
Téléphone

Nom de magasin
N°, rue
Code postal, ville

Ville, le ....

Messieurs,

Le ...., mon fils âgé de 13 ans a acheté dans votre magasin un objet (précisez) d'une valeur de .... euros, comme l'atteste la facturette dont vous trouverez copie jointe.

Je me permets de vous rappeler que l'article 1124 du code civil stipule qu'un mineur n'a pas la capacité de procéder à un achat de cette valeur.

C'est pourquoi je vous demande de procéder à l'annulation de cette vente. Je me tiens donc à votre disposition pour rapporter cet article contre remboursement à la date, rapprochée, qui vous conviendra le mieux.

Dans l'attente de nouvelle de votre part,

recevez, Messieurs, mes salutations distinguées.

Signature

Consommation : le calendrier de vos droits

Type d'engagement	Délai	Observations
• Démarchage et vente à domicile • Vente à distance	7 jours à partir de la signature, jours fériés et dimanche compris 7 jours à partir de la livraison des produits	Aucun versement ne peut être exigé avant la fin de ce délai légal. Remboursement sans frais ; frais de réexpédition à la charge du client.
Retard de livraison	7 jours à compter de la date prévue de livraison	Possibilité de désistement dans les 60 jours qui suivent le retard.
Enseignement par correspondance	7 jours à partir de la date de réception du contrat	Après ce délai, il est encore possible de se rétracter mais avec une indemnité de 30 % maximum.
Agence matrimoniale	7 jours à partir de la signature du contrat	Pas de paiement exigible avant l'expiration de ce délai légal.
Produits financiers à domicile	15 jours à partir de la signature du contrat	Aucun versement exigible avant expiration du délai.
Produits d'assurance	30 jours à partir de la signature du contrat	En cas de versement à la signature, le remboursement doit intervenir sous 30 jours, sous peine de versement d'intérêts.
Achat et construction d'appartement neuf	7 jours à compter de la réception du contrat	Versements possibles uniquement pour les frais de réservation.
Crédit à la consommation	7 jours à partir de la signature de l'offre préalable	Aucune somme ne peut être demandée à la signature.
Crédit immobilier	10 jours à partir de la réception de l'offre de prêt.	L'achat n'est effectif qu'à l'obtention du prêt.

PARTIE III

LES ADRESSES UTILES

1. Les différents organismes à consulter

Voici une liste d'adresses qui vous seront utiles pour toutes vos démarches juridiques, administratives, etc., ainsi que des indications vous permettant de connaître leurs domaines de compétences.

Médiateur de la République
7, rue Saint-Florentin
75008 Paris
Internet : www.mediateur-de-la-republique.fr
Il est compétent pour recevoir les réclamations faites auprès de l'administration et qui n'ont pas trouvé de solution.

Habitat et finance
149, rue de Grenelle
75340 Paris cedex
Tél. : 01 40 62 88 88
Filiale de la Caisse des dépôts, cet organisme vous aide, gratuitement, à trouver les meilleurs taux de prêt sur le marché et à monter votre dossier auprès des banques. Son objectif est de limiter la durée d'endettement.

Ordre des géomètres experts
40, avenue Hoche
75008 Paris
Tél. : 01 53 83 88 00
Internet : www.geometre-expert.fr
Depuis une loi de décembre 1998, dite Loi Carez, les vendeurs sont obligés de faire figurer la superficie exacte d'un bien sur l'acte de vente. L'acheteur dispose de douze mois pour vérifier la superficie et engager une action pour diminution de prix.

Bureau d'aide juridictionnelle
Il y a un bureau d'aide juridictionnelle par tribunal de grande instance, renseignez-vous auprès du tribunal dont vous dépendez.
L'aide juridictionnelle s'adresse aux personnes à faible revenu confrontées à un problème de justice.

Centre de documentation et d'information de l'assurance (CDIA)
26, boulevard Haussmann
75311 Paris cedex 09
Tél. : 01 42 47 90 00
Internet : www.ffsa.fr

Centres régionaux de la redevance télé
Paris : 01 49 70 40 40
Lille : 03 20 62 62 63
Lyon : 04 78 95 73 00
Rennes : 02 99 85 72 85
Strasbourg : 03 88 25 40 00
Toulouse : 05 62 25 41 00

Casier judiciaire national
107, rue Landreau
44079 Nantes cedex 01
Internet : www.cjn.justice.gouv.fr
Pour obtenir un extrait de casier judiciaire

Chambre nationale des huissiers de justice
44, rue de Douai
75009 Paris
Tél. : 01 49 70 12 90
Internet : www.huissier-justice.fr

Assistance démarches
38, rue Danton
92300 Levallois-Perret
Tél. : 01 40 89 24 30
Une entreprise privée qui vous aide dans toutes vos démarches.

Caisse d'allocations familiales
Il existe une Caisse d'allocations familiales par département, adressez-vous à celle dont vous dépendez. Vous trouverez ses coordonnées sur internet : www.caf.fr
La CAF propose différentes aides et allocations dont vous pouvez peut-être bénéficier.

Association française des usagers des banques (Afub)
5, place Auguste Métivier
75020 Paris
Tél. : 01 43 66 33 37
Internet : www.afub.org

Banque de France - Service d'information sur les opérations et les pratiques bancaires
31, rue Croix des Petits Champs
75015 Paris
Tél. : 01 42 92 42 92
Internet : www.banque-france.fr

Institut national de la consommation (INC)
80, rue Lecourbe
75732 Paris cedex 15
Tél. : 0 892 707 592 (0,34 €/min)
Internet : www.inc60.fr

Direction générale de la concurrence, de la consommation et de la répression des fraudes
59, boulevard Vincent Auriol
75013 Paris
Tél. : 01 44 87 17 17
Info Service Consommation : 0 820 202 203 (0,09 €/min)
Internet : www.finances.gouv.fr/DGCCRF

Commission nationale informatique et libertés (Cnil)
21, rue Saint-Guillaume
75340 Paris cedex 07
Tél. : 01 53 73 22 22
Internet : www.cnil.fr

Commission de surendettement
Adressez-vous à la succursale régionale de la Banque de France dont dépend votre commune. Vous trouverez les adresses des succursales sur le site www.banque-france.fr, rubrique « contacts ».

Conseil supérieur du notariat
31, rue du Général Foy
75008 Paris
Tél. : 01 44 90 30 00
Internet : www.notaires.fr
Vous pouvez obtenir auprès de ce conseil (ou sur le site internet) les coordonnées de votre chambre départementale.

Centres interministériels de renseignements administratifs (Cira)
Tél. : 08 21 08 09 10 (0,12 €/min)
A partir de ce numéro de téléphone unique, vous pouvez être mis en contact avec des spécialistes de différents domaines qui vous renseigneront sur les démarches que vous devez accomplir et sur les obligations à respecter.

Association nationale d'information sur le logement (Anil)
Internet : www.anil.org
Vous trouverez sur ce site l'adresse de la délégation départementale dont vous dépendez.

Confédération nationale du logement (CNL)
8, rue Mériel
BP 119
93104 Montreuil cedex
Tél. : 01 48 57 04 64
Internet : www.lacnl.com

Caisse nationale d'assurance vieillesse
Internet : www.cnav.fr
Vous trouverez sur ce site l'adresse de la caisse dont vous dépendez (16 succursales en France métropolitaine).

Association des régimes de retraites complémentaires (Arrco)
16/18, rue Jules César
75012 Paris
Tél. : 01 71 72 12 00
Internet : www.arrco.fr

Association générale des institutions de retraite des cadres (Agirc)
16/18, rue Jules César
75012 Paris
Tél. : 01 71 72 12 00

Association de défense des victimes de troubles du voisinage (ADVTV)
La Croix Rouge
38470 L'Albenc
Tél. : 04 76 36 55 39
Internet : http://nuisances.advtv.free.fr/

2. Où s'adresser et quels documents apporter ?

Documents	Où s'adresser ?	Pièces à fournir
Déclaration de naissance	Mairie du lieu de naissance	
Extrait d'acte de naissance	Mairie du lieu de naissance	Demande écrite en indiquant vos nom, prénom et date de naissance
Extrait d'acte pour les Français nés à l'étranger	Service central d'état civil - BP 1056 44035 Nantes	Demande écrite en indiquant vos nom, prénom et date de naissance
Fiche d'état civil individuelle ou familiale	Toutes les mairies	Livret de famille, extrait de naissance ou carte d'identité française en cours de validité
Carte nationale d'identité	Sous-préfecture, préfecture, mairie ou au commissariat de police	• Pour une première demande : acte intégral de naissance ou le livret de famille de vos parents, 2 photos d'identité récentes (sur fond blanc), 2 justificatifs de domicile de provenances différentes. • Pour un renouvellement : les mêmes pièces, sans l'acte de naissance ni le livret de famille et avec l'ancienne carte d'identité. • Pour la première demande d'un mineur, le représentant légal doit présenter sa carte d'identité.
Livret de famille	Mairie du lieu de mariage ou de naissance des enfants (pour les couples non mariés) ou, pour une demande de duplicata, à la mairie de son domicile.	
Extrait d'acte de mariage	Mairie du lieu de mariage	Indiquer, par écrit, vos nom, prénom et date de mariage.

Documents	Où s'adresser ?	Pièces à fournir
Certificat de concubinage	Mairie du domicile	Se présenter avec deux témoins majeurs sans liens de parenté, avec leurs pièces d'identité. Vous devez également présenter vos cartes d'identité et un justificatif de votre adresse commune.
Fiche de nationalité française	Toutes les mairies	Présentez-vous avec le livret de famille ou un acte de naissance et une carte d'identité en cours de validité.
Déclaration de décès	Mairie du lieu de décès	Le livret de famille et un certificat de décès.
Extrait d'acte de décès	Mairie du lieu de décès ou du dernier domicile	La date du décès, les nom et prénom du défunt (nom de jeune fille s'il y a lieu).
Copie conforme	Toutes les mairies	La copie et le document original
Passeport	Sous-préfecture, préfecture, mairie ou commissariat selon votre ville.	• Pour une première demande : carte nationale d'identité, 2 photos récentes (sur fond blanc), 2 justificatifs de domicile de provenances différentes. • Pour un renouvellement : l'ancien passeport à la place de la carte d'indentité. • Pour un mineur : + acte de naissance ou le livret de famille des parents et la pièce d'identité du représentant légal.
Sortie du territoire pour les mineurs	Sous-préfecture, préfecture, mairie ou commissariat selon votre ville.	Une carte nationale d'identité pour le mineur et pour le représentant légal, le livret de famille et un justificatif de domicile.

Documents	Où s'adresser ?	Pièces à fournir
Carte d'électeur	Mairie du domicile	Une pièce d'identité, (carte d'identité, passeport, livret de famille…) et un justificatif de domicile.
Carte grise	Préfecture	• Véhicule neuf : le certificat de vente rempli par le vendeur, la demande d'immatriculation remplie par l'acheteur et le certificat de conformité. • Véhicule de plus de 5 ans : carte grise barrée et signée par le vendeur, certificat du contrôle technique, justificatif de domicile, pièce d'identité. • Changement d'adresse : demande d'immatriculation, certificat de non-gage si changement de département, justificatif de domicile et pièce d'identité.
Attestation d'inscription ou de non-inscription de non-gage	Préfecture de police	Copie de la carte grise

Notes

Notes

Notes

Notes

Notes

Notes

Notes

Notes

Notes

34/38, rue Camille-Pelletan - 92309 Levallois-Perret cedex
Imprimerie Brodard & Taupin - 72201 La Flèche
Imprimé en France - 3e trimestre 2004

Responsable d'édition : Elsa Goisnard
Assistantes d'édition : Alice Chazerand, Manuella Guillot
Conception graphique : Corlet

Dépôt légal à parution
ISBN 2-84472-484-1